社会主义核心价值体系建设

“双百”出版工程

项 目

/ 100 位

新中国成立以来感动中国人物/

黄继光

刘忠义　关　勃　吕春琴　吕志昕/编著

吉林文史出版社

《100位新中国成立以来感动中国人物》丛书

前言

每个人的心中都多少有一点英雄情结，都向往英雄、景仰英雄。也正因此，在中华人民共和国建国六十周年之际，由中央十一部委联合组织开展的“100 位为新中国成立作出突出贡献的英雄模范人物和 100 位新中国成立以来感动中国人物”的评选活动中，群众参与投票总数近一亿。这其中的每一张选票，都表达了人们对英雄模范的崇敬之情，寄托着对伟大祖国的美好祝福。

一个民族不能没有英雄,否则这个民族就不会强大。当国家危难之时,懦弱者选择了逃避、妥协甚至投降，英雄们却挺身而出，用热血捍卫民族的尊严，人民的幸福。在创立和建设新中国的伟大历程中，涌现出无数可歌可泣的英雄模范人物。他们之中，有为了民族独立和人民解放而英勇牺牲的革命先烈，有为了党和人民的事业而不懈奋斗的优秀共产党员，有在全民族抗战中顽强奋战、为国捐躯的爱国将士，有英勇杀敌的战斗英雄和革命群众，有积极从事进步活动的著名民主爱国人士和国际友人……他们是民族的脊梁、祖国的骄傲，是激励全体人民团结奋斗的精神力量。

《100 位新中国成立以来感动中国人物》丛书，就像一部星光璀璨的英雄谱，真实、完整地记录了英雄模范人物不平凡的一生，再现了他们非凡的人格魅力和精神世界。舍身堵枪眼的黄继光，拼命也要拿下大油田的王进喜，中国原子弹之父邓稼先，新时期领导干部的楷模孔繁森……一串串闪光的名字，一个个动人的故事，犹如群星闪烁，光耀中华。

当今中国正处于伟大变革的时代，迫切需要涌现出一大批勇于承担历史使命、为祖国和人民奉献一切的先进人物。在“双百”人物崇高精神的引领下，在建设社会主义现代化国家的征程中，必将英雄辈出。

生平简介

黄继光(1931–1952),男,汉族,四川省中江县石马乡三村人。中国人民志愿军十五军四十五师一三五团二营六连六班班长。1931 年出生在一个贫苦的农民家庭,受尽了地主阶级的残酷剥削和压迫。11 岁时父亲在贫困交加中染病身亡,12 岁就开始给地主放牛。1949 年 12 月中江县解放,19 岁的黄继光积极参加农民协会,参加民兵组织,积极勇敢地参加征粮、清匪反霸斗争,勇敢地站在斗争的前沿,出色地完成各项工作任务,多次被评为模范。1950 年,抗美援朝战争爆发后,黄继光积极响应“抗美援朝,保家卫国”的伟大号召,于1951 年 3 月 12 日参加中国人民志愿军,历任战士、通讯员、班长。

1952 年 10 月 20 日在著名的上甘岭战役中,为了战斗的胜利,黄继光用自己的胸膛堵住了正在喷着火舌的机枪口,用自己的生命为战友们开辟了胜利的道路,用他年仅 22 岁的生命谱写了一曲气壮山河的乐章。1953 年 3 月 4 日,四川省人民政府将黄继光烈士的故乡四川省中江县石马乡命名为继光乡。1953 年 3 月 30 日,中国共产党中国人民志愿军十五军委员会追认黄继光烈士为中国共产党党员。1953 年 6 月 1 日,中国人民志愿军总部追记黄继光烈士为特等功,并授予“特级英雄”称号。同年 6 月 25 日朝鲜民主主义人民共和国最高会议常任委员会授予黄继光“朝鲜民主主义人民共和国英雄”称号,同时授予“金星奖章”和“一级国旗勋章”。

1931-1952

[HUANGJIGUANG]

◀ 黄继光

目录 MULU

不朽的英雄黄继光（代序）

黄继光——这个在中华大地上家喻户晓的名字，深深地扎根于中华沃土之中，他是伟大的民族英雄，是中国人民优秀的儿子。在沈阳抗美援朝烈士陵园，经常有许多青少年在聆听前辈们讲述黄继光的故事，每年都有许多人为黄继光烈士扫墓，献上一束鲜花，恭敬地鞠上一躬，表达对烈士的敬仰和哀悼。

在沈阳抗美援朝烈士陵园东侧的松林中，有一座烈士墓这样记载着：黄继光烈士之墓。碑文上写着：

黄继光同志，二十二岁，四川中江县人，贫农出身，饱受地主压迫。一九五一年志愿参加抗美援朝战争。生前系营通讯员，工作主动积极，曾立三等功。一九五二年上甘岭战役，该营奉命反击五九七点九高地，攻占高地一半时，敌中心火力点，威胁攻击部队。继光同志挺身而出，中途两肩负伤，接近敌堡时，胸部又惨遭五弹，在极度疼痛中毁敌堡大部。刹那间，敌继续发射，当此紧急之际，继光同志一跃而起，高呼冲啊！用胸膛堵住发射口，使反击部队得以占领阵地，全歼守敌一千二百余人，继光同志高度爱国主义与国际主义精神振奋全军，志愿军首长追授特等功臣、特级战斗英雄称号。军党委员会追认其为中国共产党党员并授予模范青年团员称号。继光同志英雄事迹将千古流芳！

军长秦基伟　政治委员谷景生

一九五四年立

在朝鲜三八线中部，海拔 1000 多米的五圣山上，一块青灰色石壁上，中国人民志愿军战士们用构筑工事的钢钎和铁锤刻下了战友的名字“中国人民志愿军马特洛索夫式战斗英雄黄继光同志以身殉国永垂不朽！”

在黄继光烈士牺牲十周年之际，郭沫若同志为黄继光和邱少云烈士题诗：“火中不灭凤凰俦，国际英雄黄与邱，克敌敢将身作盾，护军甘以血为油，牺牲我作真豪杰，鼓舞人争最上游，谁道艰难唯一死，轩昂壮烈耿千秋。”“克敌敢将身作盾”就是对黄继光英雄事迹的真实写照，让人们想起上甘岭那场血肉与钢铁之间的鏖战。在上甘岭战役中涌现出许许多多黄继光式的英雄，他们的壮举，向全世界宣告，中华民族是英雄辈出的民族，中国人民是热爱和平的，但我们从不惧怕战争。千千万万的革命先烈为我们今天的和平生活献出了宝贵的生命。他们的英名将永垂史册，人们永远不会忘记他们。

在苦难中成长

三十年代的旧中国，真是“长夜难明赤县天，百年魔怪舞翩跹”。在中华大地上，军阀混战，狼烟四起。世界帝国主义列强肆意地瓜分中国，把美丽富饶的土地任意划为自己的势力范围，在中国的土地上横冲直撞，把一个统一的中华民族搞得四分五裂，满目疮痍，千疮百孔。广大劳苦大众深受着帝国主义、封建主义、官僚资本主义三座大山的压迫，过着饥寒交迫的生活。久负盛名的川蜀大地、天府之国更是军阀混战，大小军阀割地自拥。封建主义、官僚资本主义统治下的“天府之国”民不聊生，税赋多如牛毛，人民群众挣扎在水深火热之中。

一　童年血泪

☆☆☆☆☆

1931年1月8日，黄继光出生在四川省中江县石马乡（现继光乡）一个贫苦的农民家庭中。在旧中国，添一口人就多一分愁，新生婴儿的诞生没有给这个贫苦的农民家庭带来欢乐，只是多了一分忧愁。从小就过着饥寒交迫、衣不遮体的生活，贫困和不幸紧紧地跟随着黄继光，伴随着他那苦难的童年。黄继光的父亲黄德仲，这个老实的贫苦农民，长期忍受着地主的剥削和压迫。黄继光的妈妈给地主家做用人，或给人家缝缝补补，白天给地主家做工，晚上回家干自己的活。夫妻二人头顶着星星，身背着月亮辛勤劳作

△ 黄继光出生地

还是养活不了一家人。在黄继光11岁时，他的父亲由于长年累月的劳累，身染重病，地主李积成趁机逼债，把病重的继光父亲抓去，连冻带饿关了六七天。直到黄妈妈把家里仅有的三亩麦苗押给地主李积成，才赎回了继光的父亲，从此继光的父亲一病不起，含恨离去。

父亲的离去，使这个贫困交加的家庭更是雪上加霜。黄继光好像一下子长大了，怎样才能养活妈妈和弟弟呢？可是11岁的继光又瘦又小，还没有锅台高，哪有什么办法养活妈妈和弟弟。在生活的逼迫下，黄继光不得不去地主李积成家做帮工。黄继光白天放牛、割草、担水，夜间和牛睡在一起，还要给地主李积成家端尿盆、刷屎桶等，并经常遭受李积成和其家人的毒打和侮辱。这一切，继光全都忍受着，他瘦弱的身躯怎能和地主抗衡？他只能将仇恨牢记在心里，因为他要养活妈妈和弟弟。继光忍辱负重，拼死拼活地干了六个月，马上就能领到三升粮食的工钱了。这时地主李积成为了克扣继光的血汗钱，就故意找茬，想把继光赶走，以达到他克扣继光工钱的目的。一天，牛在院子里屙了一堆屎，地主李积成就借题发挥，说是继光有意丢他的脸，故意让牛在院子里屙屎，败坏他的名誉。因此卡着继光的脖子，摁着他的头，让继光用嘴把牛屎给叼出去，否则就扣去继光六个月的工钱。这时地主李积成家的长工陈大叔苦苦哀求："继光还是个孩子，不懂事，让他多干活，就放过继光吧。"说完就赶紧把牛屎收拾干净。地主李积成见没有达到目的，就罚继光一天不得吃饭，还要把盛二十担水的水池子挑满。继光一个十一二岁的孩子，一天没有吃饭，如何能挑得动二十担水。没有办法，为了三升米，继光只得咬牙去坚持。当继光挑到第五担水，走上台阶时，一阵头昏眼花，便从陡直的台阶上摔了下来。头磕破了，腿摔伤了，头也出血了。地主李积成不管黄继光的死活，不顾黄继光满脸血迹，说继光故意摔坏他家的水桶，要继光用工钱赔他的水桶。就这样继光六个月来用自己的血汗换来的工钱被地主李积成无情地剥夺了。

继光含着屈辱的泪水离开了地主李积成家。他想反抗，可是那漫漫黑夜，一个瘦小的孩子又能做什么呢？他只能默默地忍受着。回到家里，黄妈妈看着儿子头上流着血，抱着继光痛哭一场。继光决心远离那些黑心的地主，用自己的劳动来养活妈妈和弟弟，他拼命地砍柴、拾草。因为饥饿，继光多次晕倒在荒芜的山坡上。

(一) 苦难挣扎

☆☆☆☆☆

1942 年中江县大旱，庄稼歉收，穷人家都断了粮，继光家也是一样没有粮吃，每天只能以野菜充饥。饥饿就像一个恶魔逼得继光一家人无路可走，黄妈妈只好带着继光到本家地主黄德裔家去借粮，可地主黄德裔不但不借，反而指着猪圈里的小猪说："不借，没有粮食借你，要吃你就把它牵走。"黄妈妈知道，可恶的地主是不能把粮食借给穷人的，只好回去。在家里，黄妈妈看着饿得直哭的继恕和病得起不了床的继余，只好带着继光硬着头皮到富农陈子科家去借粮。等了半天，陈子科才出来说："我家没有粮借你，只有一口袋红苕借给你。"说完就回到屋里，

△ 黄继光烈士故居

等了很久，才拿出半口袋红苕出来。黄妈妈看见口袋捆得紧紧的红苕，用手一提沉甸甸的，心里非常高兴，连声道谢，心想这可以吃好几天了。忙喊继光，把半袋红苕背回家。回到家里，继光和妈妈急忙把红苕倒出来一看，全是烂红苕，看着这半口袋烂红苕，继光伤心地哭了起来。等了半天，竟然拿半口袋烂红苕骗我们，可是又不敢给人家退回去。只得忍气吞声，和妈妈一起，把烂红苕削去，把稍好点的挑出来吃，半口袋红苕，只削出来不到一瓢。

黄妈妈只好又掺些野菜，煮了半盆红苕汤，就这半盆红苕汤，一家人维持了两天。继光一家人已经几天没有吃东西了，黄妈妈看着饿得直哭的儿子心都碎了，她想：活着受罪，不如死了好，可是黄妈妈舍不得儿子，自己死了，儿子们也活不下去。黄妈妈心如刀绞，不知如何是好，她搂着儿子说："孩子，妈妈对不起你们，没有能力养活你们，我们活着受罪，不如一起……"黄妈妈哭泣着说不出话来。她告诉继光："香炉底下有包耗子药，你拿来。"听到这，继光哭着、喊着说："妈妈不能啊，我们就是喝凉水也要长大，我们去要饭，也要养活你，妈妈。"继光抱着妈妈，求妈妈不要去死，他要妈妈答应他："妈妈，我们不愿意去死，你也不能死，没有你，我们兄弟怎么活啊。妈妈，为了我们兄弟，你也要活下去。"黄妈妈看着继光，点点头，算是答应了继光。

黄妈妈能说什么呢？她愿意死吗？愿意离开自己的孩子吗？不愿意呀。可是饥饿就像魔鬼一样，紧紧地缠着继光一家，隔壁李么婶，听到继光一家人的哭声，就赶紧走过来说："没有吃的，咱们大伙想办法，咬咬牙，帮一把熬过去。"说完，回家撮了半撮小麦和几根红苕给继光家送来。继光一家人靠挖野菜和乡亲们的帮助在这漫漫的黑夜中苦苦地挣扎着。

磨炼成长

☆☆☆☆☆

继光在茫茫无边的穷困和灾难中苦苦挣扎了19个艰难岁月。一天，他去犁田，忽然脚上踩了四五个刺。他四处望了望，见伪甲长吴世风的弟弟吴世有在上面犁田，他知道这是吴世有故意扔在路上的。就气愤地将刺甩到吴世有面前，并大声地斥责吴世有为什么把刺扔到路上害人。吴世有仗着哥哥是甲长，气势汹汹地跑下来抓住继光就打，并威胁地说要把继光抓去当壮丁。

还有一次，继光和弟弟继恕在河边捞虾米，忽然间他看见一条花白色的疯狗向

△ 刻在石壁上的黄继光纪念碑

他冲来，他本能地用手里的虾笆一挡，把狗推到河里去了。这狗是村里的二流子鲁作福赶过来的，他见狗掉到河里了，就拿起石头砸狗。一会儿，狗被打死了。这时，伪甲长吴世风和弟弟吴世用、吴世有赶来，恶狠狠地说："你们做的好事，敢把我们的狗打死。"不容分说，三个人上来就把黄继光打倒在地，并解开虾笆上的绳子，将继光捆了起来。将死狗背在继光身上，拉到村口的土地庙前游街示众。

土地庙前人越聚越多，黄妈妈听说后急忙赶到土地庙前，见继光被打得鼻青脸肿，身上背着死狗，衣服上全是狗血。黄妈妈急忙向伪保长黄茂生求情，伪保长带搭不理地说："黄继光，让你当壮丁，你不当，在村里捣乱，打死狗，今天绝不饶你。看你是当壮丁，还是在这儿背死狗？"伪甲长吴世风也高声地叫嚷着，让黄妈妈赔十石米，并还要给狗做道场、烧纸、买棺材下葬。继光坚持大声喊道："不赔，我只有这条命，让我给狗做道场、烧纸、买棺材办不到。"伪甲长吴世风兄弟三人一齐上来殴打黄继光。乡亲们实在看不下去了，一拥而上，大声地斥责伪保长等人，不要做事太绝，丧尽天良。邻居王阿婆趁机解开捆着黄继光的绳子，让继光快跑。继光跑回家拿起镰刀就要去找伪甲长吴世风拼命，黄妈妈紧紧地抱着继光，哭着劝继光说："儿呀，咱争不过人家，不能再搭上一条命啊。"妈妈苦苦地劝说，弟弟也拉着他的衣服不放，气愤的继光将镰刀扔在地上，跑到山里痛哭了一场，直到半夜才回家。继光心里想，总有一天要和你们算账。

在黑暗的旧中国，哪有穷人的活路？那些如狼似虎的保长、甲长们疯狂地欺压百姓，贫苦的农民怎能与其抗争？黄继光

就是在这种屈辱和不幸中长大，饥饿磨炼了他钢铁般的意志，苦难培养了他坚强的性格。

新　生

迎接解放

☆☆☆☆☆

1949 年冬天，黄继光的家乡解放了，贫苦的农民终于熬出了头，盼望已久的好日子来了。黄继光和其他普通的贫苦农民一样，祖祖辈辈生活在川北的大山中，他们深受着地主阶级的剥削和压迫，从没有走出大山一步，对外界的变化一无所知。

1950 年春天的时候，一个名叫王云祥的解放军班长，带着全班 12 名同志来到了黄继光所在的村里，领导他们协助政府征粮剿匪。王班长经常带领全班同志帮助贫苦农民干活、访贫问苦，很快就和贫苦的农民打成一片。一次，王班长到继光家唠家常。问继光，给人扛了几年活，都受过哪些苦。继光说，十一二岁就给地主放牛、割草，经常遭受地主的打骂和侮辱。吃不饱、穿不暖，全家人差点饿死。并谈到伪保长拉他去当壮丁，强迫他背死狗。说到这些，继光气得紧握双拳，两眼冒火。王班长深切地对继光说:“继光，我们贫苦农民一年四季忙到头，吃不饱、穿不暖，收获的粮食都到了地主老财的手里。为什么？就是因为我们没有政权。现在好了，共产党毛主席领导我们翻身得解放，我们取得了全国政权，成立了中华人民共和国，今后我们的日子一定会好起来的。”接着王班长给继光讲了老解放区减租减息和土地改革的事。

继光第一次听人和他说这些话，讲这些道理。回想自己十几年所受的苦、所遭的罪，继光明白了，只要我们贫苦农民齐

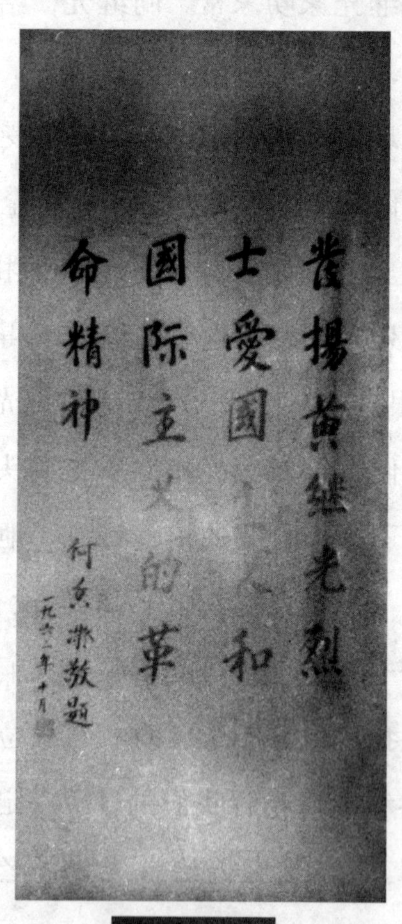

△ 何香凝题词

△ 黄继光

心团结起来，听毛主席的话，跟共产党走，我们就能打垮地主、伪保长、伪甲长，就能有吃有穿，过上好日子。王班长拍着继光的肩膀说：“继光，现在解放了，要参加农民协会,在村里要多做工作。要勇敢地同地主、伪保长、伪甲长做斗争。”继光坚定地点点头说：“我一定按照你说的话去做。”

继光很快就参加了农民协会并积极参加农民协会的活动。王班长经常召集农民协会会员开会，给他们讲革命道理，教他们唱《没有共产党就没有新中国》等歌曲。继光逐渐地懂得了很多革命道理，积极参加村里的武装队，站岗放哨，走上了革命道路。

勇敢斗争

☆☆☆☆☆

1950 年春，刚刚解放的四川大地还匪患猖獗，人民群众的生活还非常困苦，被推翻的地主阶级和国民党政权还不甘心失败，他们还蠢蠢欲动，妄图卷土重来。为了巩固政权，改善人民的生活状况，党和政府领导人民进行了轰轰烈烈的减租减息和清匪反霸的斗争。作为一名武装队队员，黄继光勇敢地站在斗争的前沿。

一次，继光和三名武装队员在村口放哨，半夜时，听到有脚步声，看到有三个黑影鬼鬼祟祟地向村口走来。继光上前大声地盘问，来人支支吾吾地说自己是个裁缝，带着两个徒弟到亲戚顾顺智家做活。继光心想三更半夜到地主顾顺智家准没好事，于是就叫上一个武装队员随后跟着，到了下一个盘查点，继光故意大声说，这里有个裁缝到顾顺智家干活，守卫的武装队员顾万能走近一看，一下就把裁缝抓住，大声地说："这是广福乡四村的恶霸地主杨永刚。"附近的武装队员一拥而上，把这三个人抓了起来，送到农民协会。经过审查，恶霸地主杨永刚是来找地主顾顺智串通要隐藏枪支，妄想复辟变天。天一亮继光和武装队员们一起到恶霸地主杨永刚家清查，查出了两支手枪、两颗手榴弹、82 发手枪子弹、一箩筐步枪子弹。武装队员们将这些武器送交到区政府，受到了区政府的表扬。

回到村里，继光和武装队员们说："恶霸地主杨永刚来咱们村找地主顾顺智窜通，顾顺智家一定还有枪没交出来。"于是大家在一起研究，清查收缴的枪支收据，发现顾顺智家应有 24 支枪，但只交上来 22 支。于是武装队员们就到地主顾顺智家去搜查，经搜查，在他家房子的瓦片下找出两匣子弹，但地主顾顺智死活不承认有枪，一口咬定枪支都上缴了。继光找地主家的长工调查了解，原来地主顾顺智把两支枪放在其弟弟顾顺泽处藏着。于是继光带着武装队员到顾顺泽家，查出地主藏的枪支。

1950 年春，川北地区还没有进行土地改革，广大贫苦农民还没有分到土地，刚

刚获得解放的四川人民的生活还非常困难，新解放的城市和广大农村急需大批粮食。于是，党和政府开始大批征集粮食。但是

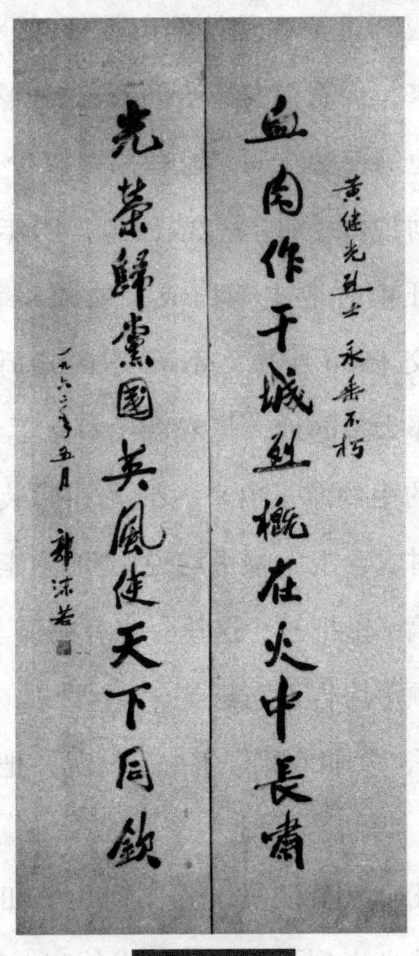

△ 郭沫若题词

大批的粮食还掌握在地主手中，他们千方百计地破坏征粮工作。有的把粮食藏起来，欺骗佃农改写租约，妄图少交粮食。地主李积成知道征粮是按地亩数征时，就把佃农找来，买酒买肉送给佃农，要改写租约，将田地的亩数少写，说秋后可以少交租子。并威胁说如不改写就收回地，明年不租给你。征粮时地主李积成万般狡辩说："自己应交 1500 斤粮，不该交 1900 斤，自己没有那么多的地，是农会给算错了。"并把改过的租约拿了出来。继光和武装队员们找到村农会主席顾平均说："地主李积成一定是搞了鬼把戏，这里一定有阴谋。"农会主席顾平均告诉黄继光："不要急，你去调查一下，找佃农们了解一下情况，把事情搞清楚，我们再找地主李积成算账。"继光带着几个武装队员，分头到几个佃农的家里。继光来到了佃农黄德山的家，说："地

主李积成做尽了坏事，我们受尽了他的欺侮，我爹就是他逼死的。你不要怕，地主一定会被我们打倒的，我们穷人要抱成团，就不怕地主，我们穷人要向着穷人。”佃农黄德山在继光的劝说下，把地主李积成改租约的事向继光说了。第二天，农会主席

△ 黄继光生前用过的挎包和水壶

顾平均带着继光和武装队员来到地主李积成家揭穿了他改租约的阴谋，地主李积成只得乖乖地低下了头，交出了粮食。回到村公所，大家都说继光聪明机智，是个勇敢的武装队员。

保卫果实

☆☆☆☆☆

1950 年冬，川北大地的人民在党的领导下，开展了减租退押和清算地主阶级残酷剥削广大劳动人民罪行的运动。在农民协会的领导下，继光积极地参加减租退押和清算地主罪行的运动。然而，地主阶级是不甘心自己被消灭的，他们千方百计地捣乱破坏，时刻幻想恢复他们失去的权力。他们想方设法地对抗减租退押和清算运动，把粮食和财产藏起来，把分给贫苦农民的粮食、衣物等一一地记在本子上，还幻想着将来变天，向人民反攻倒算。

为了严防地主和坏分子的破坏，继光和武装队员们日夜站岗放哨，监视地主，清查户口。川北的冬天虽然不像我国北方地区那样冰天雪地，但是川北的山区也是非常寒冷的，更何况继光没有棉衣，只穿双自己打的草鞋。从地主家清算的物资都集中在村公所内，为了保卫这些胜利果实，继光从家里搬到村公所里住，日夜守卫着来之不易的胜利果实。夜间站岗时天太冷，继光冻得浑身发抖，为了驱寒，他就在院子里来回地跑步、跺脚。武装队员们都是穷苦人出身，和继光一样，都是穿着单衣和草鞋，继光经常替他们站岗，一站就是一夜，可是他从不叫声苦，没说过一句抱怨的话。

一天夜里，继光一个人站岗，由于天气非常寒冷，他来回地跑着，不停地跺脚，肚子也饿得咕咕叫，但他还是非常警惕地在哨位上不停地观察着四周。忽然，一个黑影一闪就不见了，继光立刻警觉起来，躲在暗处，仔细地观察周围的动静。一会儿，一个人偷偷摸摸地来到村公所的门口，继光一跃而出大声喊道："站住，干什么的？"说着，拿起标枪顶住来人的胸口。仔细一看，原来是地主李聚农，手里拿着一个煤油瓶子。李聚农吓得一下就坐在了地上，定神一看，只有黄继光一个人，就哀求继光放了他，以后给继光家送粮、送钱。黄继光没有搭理他，大声喊人，武装队员们听到喊声冲出来，把地主李聚农抓了起来。原来，李聚农为了破坏减租退押和清算运动，妄图烧毁清算运动的胜利果实。事后，分到了胜利果实的乡亲们都称赞黄继光说："多亏了继光，要是让地主把粮食和衣物给烧了，我们就分不到了，就得挨饿了。"

分到了粮食和衣物的乡亲们喜气洋洋，可是，被打倒的地主却恨得咬牙切齿。地主顾显智，把谁家分了他多少粮食、什么衣服都一一地记在本子上，藏在了自家的房檐上。此事被顾显智家的长工黄继庆(继光的哥哥)看到了，告诉了继光。继光马上向农会主席顾平均汇报，并带着武装队员来到地主顾显智家中搜查，找到了地主顾显智的变天账，并把它交给区政府处理。

减租退押结束后，村里召开庆功大会，继光被评上模范，戴上了大红花，还受到了区政府的表扬。继光勇敢地站在减租退押运动的前沿，不怕苦，不怕累。机智勇敢地保卫了胜利果实。村里的乡亲们都夸“继光是个好青年”。

抗美援朝　保家卫国

积极参军

☆☆☆☆☆

1950年6月25日朝鲜内战爆发，美帝国主义打着联合国军的旗号，悍然入侵朝鲜，同时派第七舰队驶入台湾海峡，占领我国神圣领土台湾。朝鲜人民军英勇奋战，迅速将战线推至到朝鲜半岛南部洛东江一线，将美军和南朝鲜军压制在不到200平方公里的釜山地区。美军9月15日在朝鲜仁川登陆后，大举向朝鲜人民军进攻。并不顾中国政府的一再警告，越过三八线，把战火烧到中国边界鸭绿江边，并疯狂地轰炸我国边境城市安东市（现丹东市）。应朝鲜民主主义人民共和国党和政府的请求，中国人民派出了自己的优秀儿女组成志愿军，1950年10月19日，雄赳赳、气昂昂跨过鸭绿江。10月25日打响了抗美援朝第一枪，拉开了战争的序幕。接着，党中央毛主席发出了“抗美援朝，保家卫国”的伟大号召。

1951年初，四川省中江县石马乡三村刚刚结束减租退押运动，正准备土地改革时，美帝国主义发动了侵朝战争，国内的反动派和地主分子也蠢蠢欲动，这些激起了广大翻身农民的义愤，他们坚决响应党中央毛主席“抗美援朝，保家卫国”的号召。继光参加了宣传队，积极地宣传抗美援朝，打败美国鬼子，接着又加入了民兵，参加了全县民兵大检阅。在检阅大会上，县里号召广大青年报名参加志愿军。回到村里继光第一个报名参军，但由于继光个子矮身体瘦小，没有被批准。继光回家后非常不高兴，但他并不灰心，他心里暗下决心，我这次没去成，下次说什么也要参加志愿军，上朝鲜前线，打败美国鬼子。

△ 黄继光故居纪念馆

3月初，第二次征兵开始了，继光马上报名，回到家里就跟妈妈说报名参加了志愿军，要妈妈支持他。黄妈妈心里舍不得继光走，继光从小吃苦受罪，现在好日子马上就开始了，更何况大哥继庆身体不好，常年有病，二哥继余耳朵聋，弟弟继恕年纪还小，继光顶着半个家。黄妈妈知道继光的心思，他要参加志愿军，到朝鲜去打美国鬼子，去保卫我们的好日子，她不能拉他后腿，要支持他。在继光的坚决要求下，农民协会给他开了介绍信，同意他去参军。

到了县里，体检时继光知道自己上次没去成，就是因为自己身体瘦小。所以这次就耍了个心眼，在测身高时偷偷地跷起脚跟。医生拍拍继光的肩膀说，不要跷脚了，站好。继光不好意思地看了看医生，不得不规规矩矩地站好。量身高后，医生让继光站到了操场的一边，继光感觉不对，难道我这次又去不成吗？于是继光不顾一切地冲进体检室，找到医生和部队首长，表示了自己坚决要求参加志愿军的决心。还讲述了自己从小受地主欺压，过着吃不饱穿不暖的穷苦生活，是共产党、毛主席和解放军解救了他，他要上战场保卫祖国，保卫我们今天的好日子。说着，继光激动得放声大哭起来。部队首长和医生都过来安慰继光，让他不要着急。部队首长和医生商量一下，觉得继光虽然个子矮点儿，身体单薄些，但他决心大，从小受苦意志坚强，是个好青年。于是就同意了继光的请求，同意他参加志愿军。继光高兴地冲出体检室，大声地喊着："我参军了，我参军了。"

迅速成长

★★★★★

1951年3月12日，继光穿上了军装，住在四川省刘家营。由于当时四川省刚解放不久，还没有进行土改，人民群众生活非常困难。继光所在的新兵团驻地吃水非常困难，村里仅有的几口井还是私人的，吃水得交钱。年老体弱的乡亲吃水就更困难了。继光带着几个战士，到村外五六里的山脚下找到山泉，将它们挖深取水。每天训练之后就和同志们一起给穷苦乡亲们挑四五趟水。只要一有空，继光就帮乡亲们挑粪、扫院子、打柴、干农活。村里的王大娘，孤身一人并且年老体衰，继光就把王大娘当自己的亲人一样，每天都去帮王大娘挑水，让王大娘家的水缸总是满满的。他还经常帮王大娘打柴、扫院子，王大娘逢人就说继光是个好孩子。

继光对人民无限热爱，并严格遵守群众纪律，尊重少数民族的风俗习惯。有段时间，继光所在的新兵团驻在陕西省宝鸡县城外的一个小村子里。当地老乡大多数是回民，为了尊重少数民族的风俗习惯，继光说："我们不要到老乡的井里去打水。"这样继光和战友们就到村外四五里路的河边去挑水。乡亲们非常感动，纷纷地给继光他们送来鸡蛋、大枣等。一天晚上，继光他们行军到陕西省临辛县，住在一座古庙里。这里是刚解放的地区，打铺时没有草，要买草没有钱，庙里有草，老和尚却不让用。4月份的陕南地区天气刚刚回暖，可是晚间还是非常寒冷的。没有办法，继光只得带着几个同志到附近去捡草。到了外面继光发现竹林有许多枯竹叶，于是大家收了许多干竹叶回来,暖暖和和地睡了一夜。第二天，把干竹叶送给了老和尚，老和尚非常感动。

在行军中，有时汽车在崎岖的山路上行走，摇晃得厉害，很多同志晕车、呕吐。继光让晕车的同志靠在自己的身上，将自己背壶里的水分给晕车的同志。在徒步行走时，每个人都背着自己的行装、粮食和干粮，负重有五十多斤，每天要走八九十里路。有的同志脚上磨出了血泡，体弱的同志常常掉队。继光脚上也打了泡，但他不顾自己疲劳，热心地帮助同志。他找来木棍，把别的同志的粮食、行装和自己的粮食、行装放在棍子两头挑着走。在继光的带动下，同志们互相帮助，顺利地到达目的地。

初到东北时，继光和同志们都是南方人，吃不惯高粱米，继光为了锻炼自己，

在吃饭时就大口大口地吃。他想，不锻炼着吃高粱米，把身体搞坏了，将来怎么上战场消灭敌人。同志们问继光："你为什么

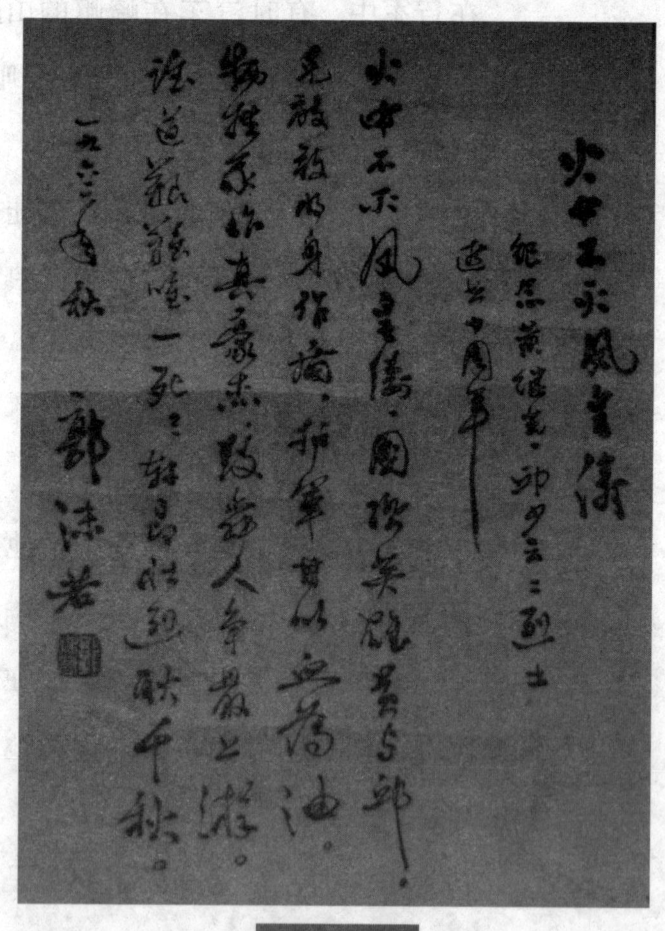

△ 郭沫若题诗

吃得这么香?”他说:“高粱米是粮食，粮食总比给地主放牛扛活时吃的野菜好得多。”并开导那些战友:“一定要多吃饭，不习惯也要吃，慢慢就习惯了，这点困难算啥?比旧社会吃糠咽菜强多了。我们一定要锻炼好身体，准备上战场，消灭美国鬼子。”

 立志苦练

☆☆☆☆☆

继光是一个从川北的大山里走出来的穷苦孩子，对外界的事情一无所知。两个月来，跋涉几千公里来到

东北。一路走来，在新兵团的训练学习、教育和生活中继光懂得了很多道理。“我们过去吃苦受罪，过着吃不上、穿不暖的生活，是因为万恶的旧社会政权掌握在地主和资本家的手中。我们在共产党毛主席的领导下，推翻了三座大山，解放了全中国，广大劳动人民当家做了主人。我们拼死也要保卫我们的国家，保卫我们的政权，保卫我们的好日子。”

1951年7月1日，继光随新兵团跨过鸭绿江，来到盼望已久的朝鲜前线。心想这回我要上战场了，可以杀敌立功了。继光非常兴奋，到前线后继光被分配到十五军四十五师一三五团六连连部当通讯员。

晚上，连部的人集合到一起，开了个欢迎会。大家七嘴八舌地问继光祖国的情形，继光把自己这一路上看到的、听到的，一五一十地向大家讲述着。但是他心里觉得很奇怪：这不是前线吗？怎么大家都不提打仗的事？于是继光忍不住问连长啥时候打仗，连长万福来笑着拍拍继光的肩膀说：“到前线来了，就不愁打仗。现在，咱们的任务是练兵，等练好了本领再打仗。尤其是你们新兵要掌握好手中的武器，熟练地使用武器，才能更好地消灭敌人。”

在练兵中，继光被各种武器迷住了，他样样都想学，一有空就跑到班里，向老兵请教，求人教他。继光虽然年龄小、个子矮，但他爱说话，很受同志们的欢迎，他很快就学会了手榴弹、步枪、手雷、冲锋枪的使用。继光虚心好学，同志们非常喜欢他。一次，他到机枪班送信，看到机枪班同志在擦重机枪，他就走过去细心地观察。重机枪手看了他一眼，逗他说：“你还没有枪重，还想学打机关枪，你能扛着它跑二里路，我就教你打机关枪。”继光一听高兴地跳了起来，说：“真的？”一把抓起重机枪，扛在肩上就要出去跑。机枪手看着继光天真的样子，笑着说：“小黄，别跑了，我知道你能行，来，我教你。”就

这样他学会了使用重机枪。

继光在连部当通讯员，经常到各班去。大家都知道继光好学，连里的老战士都喜欢他，都热心地教他各种枪支的使用方法，并耐心地给他讲解战斗中如何隐蔽自己。告诉他怎样构筑工事、挖掩体，在战斗中要首先将自己隐蔽好，才能去消灭敌人。

▽ 志愿军雄赳赳气昂昂跨过鸭绿江

要利用好敌人碉堡的射击死角，去接近敌人。继光虚心地向老同志学习，很快就熟练地掌握了各种武器的使用方法和战术动作。

紧张的军事训练，使继光的军事素质有了很大的提高。一次，连队进行战术演习。继光紧挨着连长万福来，迅速地挖着掩体。他一会儿趴着挖、一会儿侧身挖，不大一会儿，就挖成了一个简单的掩体。把枪伸出去，认真地瞄着前方。连长注视着继光，大声地喊道："黄继光，命令三排长，向西南小山坡迅速前进，前面山梁是敌人的封锁线，注意隐蔽。""是！向西南小山坡迅速前进，前面山梁是敌人的封锁线，注意隐蔽。"继光流利地复诵一遍连长的命令。便一跃而起，弓着腰，飞快地向三排长方向跑去。连长万福来注视着继光，只见他卧倒，翻身滚到一个小坑中，一会儿迅速地跳到树后，动作快速、敏捷，一会儿就到了一块平地边。连长命令假设敌开火，拦截继光，此时，继光趴在地上，将几棵大的蒿草捆在自己身上，将自己伪装成一堆蒿草，趴在地上匍匐前进。“敌人”的枪声一停，继光慢慢地将身上的伪装卸下，快速地打了两个滚，跳起来迅速地冲进旁边的小树林中。连长万福来看着继光快速敏捷的动作，满意地笑了。

炊事班长李子义，40来岁，参加革命十多年了，身上多处负伤，同志们都尊敬地称他为老班长。在第五次战役中，老班长从阵地上送饭回来时，捉到了两个美国鬼子，博得了全连同志的敬重。继光特别喜欢听老班长讲故事，老班长李子义经常给继光讲红军爬雪山、过草地和抗日战争、解放战争中我军英勇战斗的故事。特别是给他讲战斗英雄杨根思抱着炸药包冲入敌群和苗族英雄刘兴文的故事，使继光深受感动。电影《钢铁战士》和苏联电影《普通一兵》对继光的触动都非常大，苏联红军英雄马特洛索夫，用自己的身躯扑向敌人的机枪时的壮烈场面经常在继光的脑海中出现，苗族英雄刘兴文才 18 岁就参加战斗，打死了那么多的美国鬼子，还回国见到了毛主席。他暗下决心，自己一定要参加战斗，打仗立功，去见毛主席。

首次战斗

1952年4月，六连来到了前沿的无名高地，担任防守任务。这里是五圣山一线我军防御阵地的前哨。

6月的一天早晨，敌人向无名高地发起了进攻，继光紧跟在连长和指导员的身后，非常地兴奋。这毕竟是继光第一次参加战斗，每当炮弹的爆炸和密集的枪声响起，继光胸前就像揣了个小兔子，怦怦直跳。他暗暗地嘱咐自己，不要怕，不要慌，可就是不行。每当炮弹爆炸时，他都情不自禁地哆嗦一下，做事也是手忙脚乱。指导员从瞭望孔转过身来看见继光手忙脚乱的样子，笑着说：“第一次打仗，紧张、害怕是免不了的，谁都有第一次，不要紧，慢慢

△ 志愿军官兵踏着高山积雪追击敌人

△ 邓小平题词

就好了。”枪炮声停了，连长也转过身来，冲着黄继光说：“把请假的劲头拿出来就好了。”听了连长的话，继光的脸立刻就红了起来。

连队到无名高地以后，阵地上开展了冷枪冷炮杀敌立功运动，看谁消灭的敌人多，尤其是他听说肖登良和吴三羊都打死了好几个敌人。心想，肖登良和吴三羊是和自己一起参军的，一起走出家乡的，他们都打死了好几个敌人，可自己还没到前沿阵地上真正地向敌人开一枪，整天在连部送信，传达命令，只见别人打鬼子，自己没有机会。一天，继光送信回来，见只有

连长一人在连部，就悄悄地跟连长说："连长，我请三天假行不？"连长一愣，奇怪地问："请假干什么？"继光立刻回答说："到前沿去打活靶！"连长一听，笑了，说："好，现在我就带你去，我教你打。""真的？"继光高兴地跳了起来。马上就准备枪支、弹药，刚要转身走出连指挥所，觉得不对，就说："连长，你得指挥全连，你走了，这里谁指挥呀！"连长说："是呀，我得指挥全连，可我怎么指挥呀？""用电话呀！""全连才两部电话，怎么能通到每个班？""还有通信员呢！"继光急忙说，连长转过身严肃地说："都请假打活靶去了。"继光再没

有说话……他知道自己错了。

刚才连长提起这件事，继光感到脸像火烤一样，他低着头，站在一边，连长走过来，安慰他说："害什么羞，锻炼锻炼就好了，第一次，没有经验，以后就好了。"指导员也说："没关系，上战场就和打狗一样，你越怕它咬你，它就越冲你叫，你如果不怕它，拿起石头打它，它就会掉头跑。对敌人你不怕他，他就怕你。继光，你不是想要立功当英雄吗？"继光想到杨根思、马特洛索夫，他的心渐渐地平静了，他站在连长、指导员身边，和他们一样望着阵地前沿，观察着敌阵地的动静。

敌人又开始向我阵地进攻了，炮弹在阵地上不停地爆炸，指挥所被烟雾笼罩着。通向各排的电话线几次被炸断，电话员都去抢修线路了。战斗进行得非常激烈，电话线又断了，连长大声地喊道："电话员，

快把电话接通！”“连长，我去！”继光站起来大声地请求着，连长迟疑了一下说：“你会接电话线吗？”“我会，我和电话员学过。”“好，去吧！注意隐蔽！”“是！”继光说完拿起几根电线，趁着烟雾的掩护，迅速地向前沿阵地冲去，他一会儿卧倒，一会儿飞跑，顺着电话线，快速地前进。在一个弹坑边继光发现了电话线的断头，他迅速地跳进弹坑，把断线接好。继光顺着电话线望去，见前面十多米远的一个弹坑边上还有一个断头，他刚要上前，子弹像冰雹一样向他打来。敌人发现了继光，不断地向他射击，继光非常着急，只能隐蔽在弹坑中观察敌情。这时，一排炮弹在继光身前不远的地方爆炸，掀起一大片烟雾，继光立刻跳出弹坑，冲到前面，迅速地把断线接通。继光连续接通了三个断头，电话接通后，继光迅速地撤回连长的隐蔽所。

此时，战斗已经打了近一整天，敌人一次接一次的攻击，没有间断过，敌人的攻击怎么组织得这么快，连长拿起电话摇了一下，电话又断了，继光马上请求接电话线，这时，连长命令继光："你马上到一排，告诉副连长，派人侦察一下，敌人在我们前沿附近是不是屯聚着预备队，在哪里，离我们有多远。弄清楚后，快回来报告。"继光重复了一下连长的命令，就快速地向前沿跑去。时间不长，继光就跑了回来，迅速地向连长报告了情况。原来，敌人在我前沿四号目标的洼地里隐藏了大约有一个连的兵力，离我前沿很近，所以敌人能组织连续的进攻。连长命令步话机员直接向炮兵喊话，指示目标。不一会儿，我军成群的炮弹呼啸着掠过阵地的上空，飞向敌人。"看看吧！"连长高兴地把望远镜递

给继光，从望远镜中，继光看到在我军炮弹爆炸中，敌人四处逃窜，像受惊的兔子没命地逃跑。“打得好！”继光高兴地大声喊叫。

一天的战斗结束了，夜幕慢慢地降临，战斗了一天的前沿阵地沉寂了下来。这一天，是继光永生难忘的一天，是继光成长道路上的一个里程碑。他毕竟是一个刚刚走出大山的孩子，是百万志愿军中的普通的一兵，第一次走进战场，第一次参加战斗，都会有着和常人一样的恐惧。但他是大山里走出的贫苦农民的子弟，是中国人民的儿子。走出了国门，他有着朴素的阶级感情。他知道，要想让妈妈和弟弟过上好日子，就要保卫我们的国家，保卫我们自己的红色政权。

立功受奖

☆☆☆☆☆

自从参加战斗之后，继光成熟了，也长大了。他知道，一个真正的志愿军战士要服从命令听指挥，无论在什么工作岗位上都要充分发挥自己的作用，要做好自己的工作，要完成自己的任务，这样我们才能打胜仗。

在前沿阵地上，根据战场上的变化和上级的要求，决定把连里的炊事班、军械员、卫生员等勤务人员组成连后勤。继光跟随副指导员吴宝生被分配到连后勤。

连后勤的工作非常繁重，给前沿阵地送弹药、干粮、木料、抢救伤员，这些工作，继光样样都干在前面。前沿阵地打坑道，需要木料，继光抢着去送。按规定，每人一夜送两趟，可是继光走小路、抄近路，一夜送三趟。由于白天敌人的炮火封锁得

革命軍人立功喜報

鄧芳芝先生：

貴府黃繼光同志在上甘嶺戰役中，創立功績，業經批准為特級英雄，除按功給獎外，特此

[illegible]

立功，全家光榮。

中國人民志願軍司令部政治部

一九五[illegible]日

△ 黄继光的立功喜报

厉害，我们向前沿阵地运送物资都是夜间进行，所以白天后勤的同志休息，继光经常不休息，不是帮炊事班做饭，就是到炮连帮助打坑道。不论工作有多累，每天早晨，继光都要给伤员打洗脸水、喂饭、换药，照顾伤员，他一刻都不闲着。

一天，傍晚时，天渐渐暗下来，前沿阵地突然来电话，说有两个伤员要送下来，

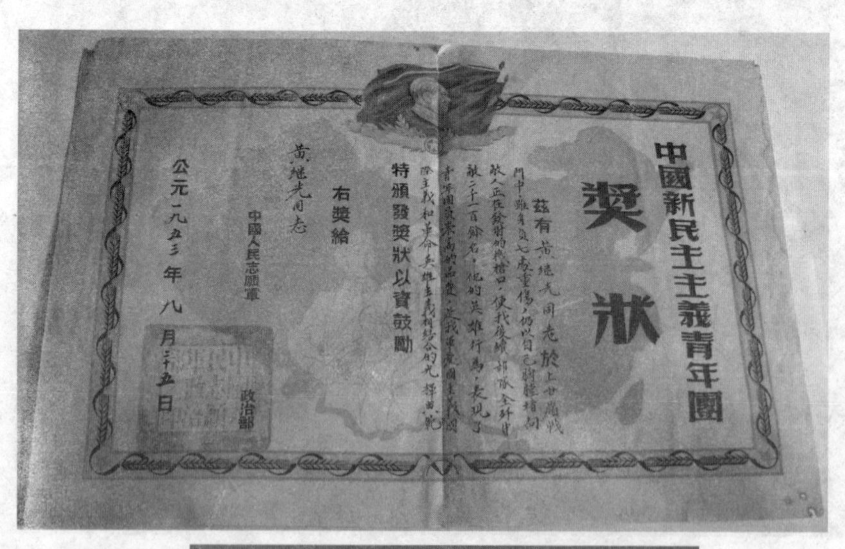
中國新民主主義青年團

獎狀

茲有黃繼光同志

特頒發獎狀以資鼓勵

右獎給

黃繼光同志

中國人民志願軍

政治部

公元一九五三年九月二十五日

△ 黄继光荣获的中国新民主主义青年团颁发的奖状

此时，敌人封锁得正紧，担架没法抬。“副指导员，我去背，我道路熟。”副指导员看了看继光坚定的目光说：“好，你去吧，天黑，敌人封锁得很紧，注意安全。”并且又派了一个担架员和继光同去。

继光带着担架员飞快地向前沿阵地跑去，夜间，敌人怕我们偷袭，用探照灯把我们的阵地照得雪亮，机枪不停地射击着。伤员在两处，继光让担架员把近处的伤员背下去，自己去背远处的伤员。继光背着伤员快速地向后方转移。在一块开阔地上，敌人封锁得非常严，要通过开阔地，不能站起来，只能匍匐前进，继光趴在地上，把伤员放在背上，硬是爬着将伤员驮出开阔地。当继光背着伤员回到连后勤时，已经是半夜了。

根据上级的作战安排，为主动消灭敌人，我军对敌人突出的前沿阵地实施进攻。继光跟着连长万福来带着一个突击排，偷袭敌人占据的无名小高地一个加强排的敌人。夜幕降临了，部队无声无息地进入了无名小高地。按照作战预案，部队一个小组一个小组秘密地接近了敌人阵地前沿隐蔽了下来。

11时半，敌人为了壮胆，机枪不停地到处射击。我军的大炮开始射击，炮弹呼啸着砸向敌阵地。一会儿，一颗红色信号弹升起，整个前沿阵地到处都响起了枪声和爆炸声。“发信号弹！”连长的话音一落，一个白色信号弹从继光的信号枪里迅速地射了出去，突击排的战士们立即向敌人展开进攻。

激烈的战斗大约进行有五分钟，枪声逐渐稀落下来。连长转身对着继光说："通信员，命令各班，按划定区域，快冲，快打，消灭敌人后马上撤回，伤员现在就撤。”“是！”继光答应了一声，立刻冲了出去。一道残破的铁丝网拦住了去路，继光迅速地卧倒，用手拉开带刺的铁丝网，紧贴着地面匍匐前进。忽然，继光腿上感觉一阵刺痛，一根铁刺划破了继光的裤子，扎进了大腿，他顾不得疼痛，一咬牙，使劲儿爬过了铁丝网。在硝烟中，继光跑到五班长跟前，迅速传达了连长的命令，然后就向四班冲去。当继光跑到一个倒塌的工事边时，突然钻出几个敌人向继光开枪，继光立即卧倒，就势向敌人投出一颗手雷，消灭了敌人。这是继光上战场以来，第一次亲手消灭敌人。接着继光迅速地把连长的命令传达到各班，并安排伤员转移，帮助重伤员迅速后撤。十五分钟后，全歼了敌人一个加强排，战士们迅速地撤出敌阵

△ 黄继光荣获的金星奖章

地，圆满地完成了歼敌任务。

8月，六连撤出了无名高地，在评功会上，大家都称赞黄继光工作积极主动，能干，能吃苦，大家一致认为应该给黄继光记功。团党委很快就批准了，继光立了三等功，并批准他加入中国新民主主义青年团(即现在的中国共产主义青年团)。继光嘴上不说，心里却非常高兴。他找文书帮他写了一封家信，连同立功喜报一同寄给了妈妈。不久，妈妈来信了，告诉继光，村里进行了土地改革，家里分到了土地，庄稼长得非常好，并问继光杀死了多少个敌人，嘱咐他要立功当英雄。

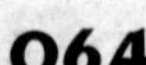

浴血上甘岭

战役打响

1952年秋，经过一年多的阵地防御战斗，中国人民志愿军和朝鲜人民军全线战术反击，取得了节节胜利。以美国为首的“联合国军”处境愈加被动。为改善防御态势，妄想夺取我志愿军中部战线要点五圣山阵地，于10月14日发动“金化攻势”，向上甘岭地区的597.9高地和537.7高地北山实施进攻。

战斗进行得异常激烈，交战双方

先后动用兵力达10万余人，反复争夺43天，作战规模由战斗发展成为战役，其激烈程度是战争史上罕见的，“联合国军”的炮兵和航空兵，对两个山头发射炮弹190余万发，投炸弹5000余枚，把面积不足4平方公里的两个高地的土石炸松1～2米。志愿军防守部队贯彻“坚守防御，寸土必争”的作战方针，依托坑道工事，坚决抗击“联合国军”的进攻。

战役初期，敌人用强大的火力摧毁了我军的野战工事，并占领了表面阵地，我军转入坑道继续战斗。经常是白天敌人占领表面阵地，夜间我军再反击，夺回表面阵地。在坚持坑道斗争的战斗中，我军团结一致，克服缺粮、缺水、缺弹药和坑道内空气污浊等困难，坚持作战。在敌军进行轰炸、爆破、放毒、堵塞、封锁的情况下，先后组织班、战斗小组向坑道处出击158次，毙伤敌2000余人，夺回7处阵地。并组织部队，多次向597.9高地和537.7高地北山实施反击，及时向坑道内增派人员，补充物资，并组织炮兵进行火力支援，配合坚守坑道作战。

10月10日，在上甘岭战役发起前，黄继光调到营部通讯班当通信员。10月13日那天，敌人的火炮向营部驻扎的山沟轰击了两三个小时，敌人的飞机也顺着山沟俯冲、扫射、轰炸，营长的隐蔽部被炸塌了，一些重要的文件和步话机被埋在土里边。几个通信员立刻跑来抢救。继光怕人多目标大，容易引起伤亡，于是他就叫大家回

△ 上甘岭战场一角

到隐蔽部去，自己一个人冒着炮击和飞机扫射的危险，去扒埋在掩蔽部里的物资和文件。敌机发现了他，反复地盘旋、扫射。继光巧妙地利用地形掩护自己，直到把被埋的物资和文件全部扒出来。

15日，上甘岭战役的第二天，黄继光随同营长去团部开会。敌人不断地向我阵地和阵地后方开炮，道路是敌人炮火封锁的重点。在通往团部的道路上，经常遇到敌人炮火的封锁。继光和营长刚刚走过一个山垭口，忽然听见噗噜噗噜的声音，营长刚要喊卧倒，继光已扑倒在营长身上，用整个身体遮住了营长，一颗炮弹在离他仅三四米远的地方爆炸了。继光英勇机智，在生死攸关的时刻不顾自己的生命安全，保护首长，掩护战友，体现了对同志的深厚的阶级感情和大无畏的革命英雄主义精神。10月19日，继光跟随营参谋长张广生来到六连，参加进攻597.9高地的战斗。

临危受命

☆☆☆☆☆

1952年10月19日，上甘岭战役进行了6天，敌人占领了597.9高地的表面阵地。继光随营参谋长张广生来到了隐蔽在上甘岭西一个无名高地坑道里的六连，六连的任务是从597.9高地西北的山脚打上去。先后夺取六号、五号、四号阵地，最后拿下零号阵地。零号阵地靠近597.9高地的主峰，是597.9高地的支撑点，并且地势险要，不利于进攻。拿下了零号阵地就等于拿下了597.9高地。

来到了六连，继光就像回娘家一样，他先到六班和大家亲热了一会儿，六班每

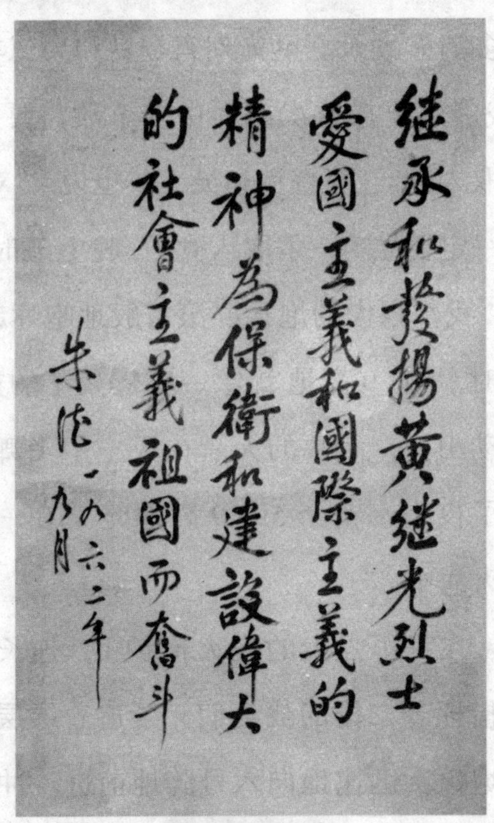

△ 朱德题词

次战斗都是连队的突击班，继光详细地了解了六班的战斗任务和战斗要求。就回到连部和通信员肖登良、吴三羊这两个和他一起从四川省中江县的大山里走出来的战友，在一起议论着在战斗中如何立功，如何多消灭敌人。继光对肖登良和吴三羊说："我一定要在这次战斗中多杀敌，要立功，争取入党。"肖登良和吴三羊也说："对！我们一定要立功，争取入党。"晚上五时三十分，我军强大的炮兵群滚雷般地咆哮起来。顿时，597.9 高地就像一座爆发了的火山，地动山摇，无数的火箭在天空中飞舞，映红了夜空，整个 597.9 高地笼罩在一片硝烟火海中。

在我军强大的炮火掩护下，连长万福来指挥着二排的战士们，紧追着层层延伸的炮火，迅速地向六号阵地前进。冲在最前面的六班班长忽然发现六号阵地前有几

△ 我军指战员在雪地向守敌匍匐进攻

个隐蔽的工事没有被我军炮火炸塌，这是敌人的警戒哨，六班班长趁敌人还没缓过神来就带领全班冲上去，一阵射击将敌人消灭掉。紧接着，带着全班冲上六号阵地，将一个排的敌人消灭掉，占领了六号阵地。

连长万福来断定，敌人还没有察觉我们的企图，于是命令五班从正面快速向五号阵地攻击，命令四班、六班从两侧向五号阵地攻击，五班率先和敌人交火，吸引了敌人的火力，四班、六班趁机从两侧快速地发起进攻，三面进攻使敌人不知所措，战士们隐蔽地接近敌碉堡，将手雷从射击孔中塞进敌人的地堡里。25 分钟，六连以伤亡 5 人的代价，夺取了两阵地，歼灭了 120 余名敌人。

在四号阵地前，我军遇到敌人顽强的抵抗，战斗在激烈地进行，枪声、手雷和手榴弹的爆炸声，分不清地响着。敌人的照明弹也一个跟着一个，像小电灯一样，摇摇晃晃地挂在天空。四号阵地上的枪声一阵稀疏，一阵激烈。炮击过后，敌人在慌乱中醒过来，进行了疯狂的抵抗，我军攻击受阻。

营参谋长张广生，伏在观察孔上焦急地观察着四号阵地的情况。“黄继光，去告诉六连连长，组织几个战斗小组，多箭

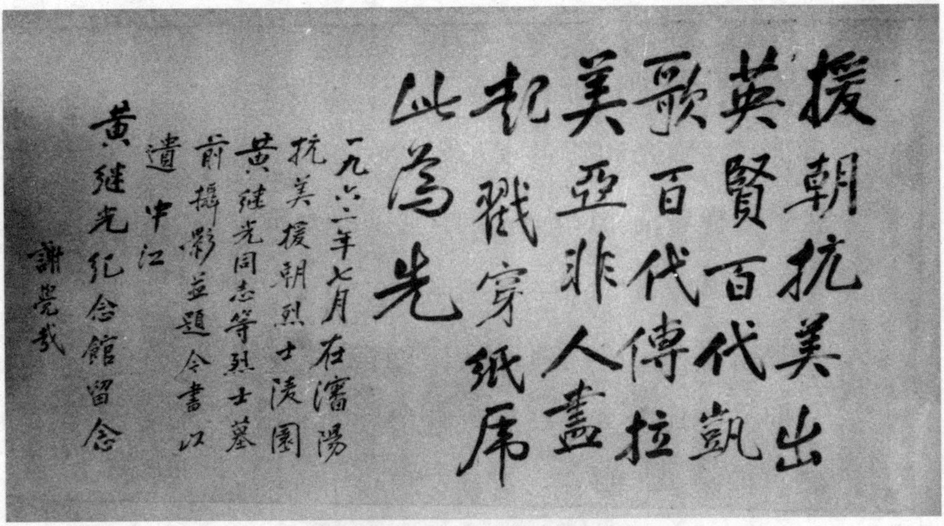

△ 谢觉哉为黄继光纪念馆题词

头地向敌攻击。”营参谋长张广生用急促的语气命令道。“是!”继光答应一声迅速地冲向四号阵地前，向连长万福来传达了参谋长的命令。通往四号阵地的道路很平坦，敌人的火力配备得很强，再加上零号阵地上的敌人有十多挺机枪直接支援四号阵地，部队进行了两次攻击都没有成功，并且伤亡很大。继光迅速地回到营参谋长身边，向参谋长详细地汇报了四号阵地的情况。

四号阵地上的枪声又狂风暴雨般地响起来了，继光和营参谋长紧伏在交通沟沿上，注视着前方，炮弹不停地在身边爆炸，沙石和弹片纷纷地从空中落下，子弹“扑哧扑哧”地钻到他们身边的土里。突然，从四号阵地上飞起一颗红色信号弹，继光高兴地喊到“四号”占领了。“走！到前面去。”营参谋长带着继光和步话机员向四号阵地冲去。

打下四号阵地后，部队紧接着就向零号阵地进攻。零号阵地左右两侧是悬崖陡坡，能够通行的只有通向四号阵地的一道不足 10 米宽的山脊，由于零号阵地地势高，可以居高临下封锁四、五、六号阵地，还可以向左封锁我一号阵地的大坑道口，因此敌人在这里的防守很强。十多挺机枪封锁着通向四号阵地的通道。部队连续四次进攻都没有进展，还是被压在四号阵地上，这时时间已到10月20日凌晨2点钟。

继光跟随着营参谋长来到了四号阵地，连长万福来见参谋长来了，就赶紧把他拉进交通沟里。他们仔细地观察着零号阵地，敌人在零号阵地前布置了好几个火力点，把向零号阵地进攻的道路封锁得严严密密。参谋长沉思了一下问：“还有多少能参加攻击的战士？”“还有9个战士，1个机枪射手，2个步话机员，2个通信员，还有连长和我共16人。”指导员冯玉庆回答。连长万福来将几个战士组成三个战斗小组，亲自带着机枪射手掩护三个战斗小组继续向零号阵地进攻。他们连续进攻了两次，都没有成功，九名战士都负了重伤。

此时，时间已到凌晨3点多钟了，天亮前不拿下零号阵地，我们一夜的奋战夺下的四号、五号、六号阵地就得丢失，就不能解除敌人对我一号阵地坑道的封锁，不拿下零号阵地就拿不下597.9高地。这一切，同志们心中都非常清楚。“我去干掉它！”连长万福来控制不住自己的怒火，抓起两个手雷，就要冲出去。这时，黄继光一下子抱住万福来说:“连长,你不能去,有我们通信员在,就不能让你上。”这时，通信员肖登良和吴三羊也说：“连长，让我们上吧。”万福来站住了，他看了参谋长张广生和指导员冯玉庆一眼，对着黄继光、肖登良、吴三羊三个人郑重地说：“黄继光，我命令你为六连

△ 志愿军正在阻击敌人

六班代理班长，肖登良、吴三羊为六班战士，你们三人在战斗中只许前进，不许后退，要坚决完成任务。”“是！坚决完成任务。”黄继光、肖登良、吴三羊三个勇士，迅速冲向那血肉和钢铁碰撞的路上。

勇炸碉堡

★★★★★

黄继光带领肖登良、吴三羊，利用敌照明弹熄灭的瞬间冲出坑道，消失在夜幕中。指导员冯玉庆紧跟着他们三人，连长万福来指挥机枪为他们

掩护。继光他们三人，继光在前，肖登良居中，吴三羊在后匍匐前进。敌人的照明弹把阵地照得像白天一样，一会儿就发现

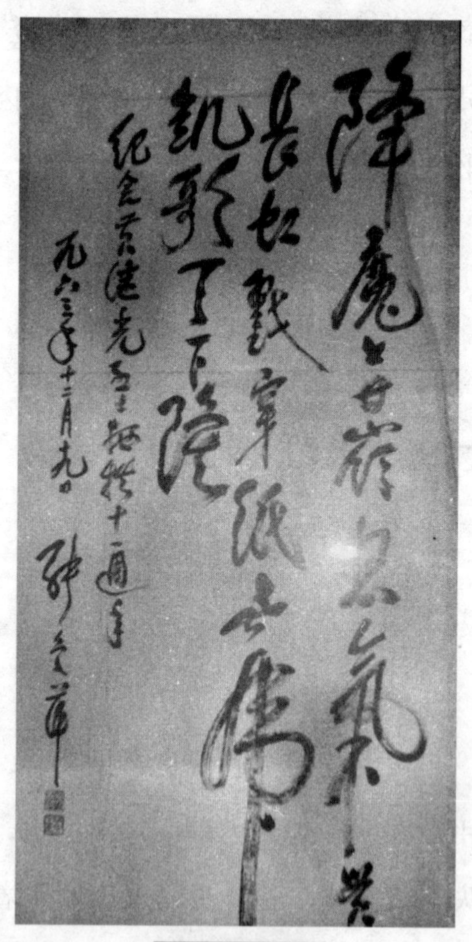

△ 张爱萍题词

了他们。敌人十多挺机枪疯狂地向他们射击，炮弹不断地在他们身边爆炸，钢铁的碎片和炸碎的石块落在他们身上。敌人的火力太猛，压得他们抬不起头，继光他们一会儿利用照明弹的间隙向前冲几步，一会儿把敌人的尸体掀起来扔下山坡吸引敌人火力，凭借着机智和勇敢，他们终于艰难地爬过了那个狭窄的山脊。

黄继光翻身滚向身旁的一个交通沟，肖登良和吴三羊也跟着翻进交通沟。他们仔细地观察着敌情。在零号阵地前，左侧有敌人一个大火力点，有六七挺机枪在向外射击，在大火力点两侧和后面各有三个小火力点，每个火力点都有两挺机枪向外射击。零号阵地左侧这个大火力点正好封锁我军进攻道路——那个不到10米宽的山脊。要拿下零号阵地就必须干掉敌人的火力点。而要干掉敌人的大火力点就必须先干掉三个小火力点，敌人这三个小火力点就是为了掩护大火力点而设的。

“我们先打两边的。”继光小声地说，“三羊你掩护，我和登良先把两边的小火力点干掉，在手雷爆炸时，借着烟雾，你要迅速地炸掉中间那个。”“好！”肖登良和吴三羊同时回答。“开始！”继光一声令下，他和肖登良跳出了交通沟，利用弹坑、岩石作掩护，快速地向敌人的火力点爬去。吴三羊立即向敌人的火力点射击，吸引敌人的火力，掩护黄继光和肖登良。在黄继光和肖登良接近敌人火力点时，吴三羊冲出交通沟，快速地向中间火力点爬去，黄继光和肖登良拿起手雷同时投向敌人的火力点，就在手雷爆炸的瞬间，吴三羊猛地跳起来，向前冲几步，把手雷扔进中间的火力点。透过烟雾，肖登良发现有几个敌人向中间的火力点扑去，企图重新占领它。肖登良拿起手雷就要投，这时黄继光的枪声响了，几个敌人应声倒地，原来，继光也发现了这股敌人。

在四号阵地上的指导员冯玉庆看到敌人的火力点

上升起烟雾，以为黄继光他们得手了，就高兴地爬起来，向零号阵地跑来，敌人的火力点疯狂地向他射击，没办法他只好就地卧倒，这时敌人大火力点里钻出十多个敌人，向继光他们反扑过来。“注意敌人的反击！”指导员冯玉庆大声地喊着。“准备打反击！”继光他们也发现了敌人，他悄悄地告诉肖登良和吴三羊，准备手榴弹，注意隐蔽，“等敌人靠近打。”敌人来势汹汹，因为他们已发现继光他们只有三个人，当敌人距离继光只有20米远时，“打！”继光大喊一声，他们接连向敌人投去几颗手榴弹，十几个敌人被消灭了。

经过刚才的战斗，继光他们随身携带的弹药不多了，继光让肖登良和吴三羊注意敌人，自己去捡弹药，一会儿继光从炸塌的敌人地堡中抱着一抱手榴弹跑了回来。“你俩注意敌人，我再去捡些回来。”因为他们还要打敌人的大火力点。“我去！”肖登良和吴三羊争着要去。“好，注意隐蔽！”继光轻声地说。两人刚走不久，肖登良就急匆匆地爬回来，沉痛地对继光说：“三羊牺牲了。”继光两眼喷着怒火说：“替三羊报仇，登良，你掩护，我去炸掉敌人的大火力点。”

舍身堵枪

“指导员！”肖登良轻声喊道，黄继光扭头一看，只见指导员冯玉庆来到了交通沟里。黄继光简要地向指导员报告了情况，指导员说，现在已经三点半了，天就快亮了，在天亮之前，我们一定要拿下零号阵地。反击部队被阻击在四号阵地，我们必须马上打下敌人这个火力点，你们两个到附近打塌的敌地堡看看，有没有机枪找来一挺，我掩护你们，打掉敌人的火力点。黄继光和肖登良向附近打塌的敌人地堡爬去，地堡内有三挺重机枪，继光将机枪掉转枪口，固定好。肖登良急忙将子弹装上，刚一松手，机枪就响了起来，肖登良一惊，不知如何是好，一袋子弹打完了，枪声才停。“怎么回事？”继光急忙问肖登良，肖登良也不知是怎么回事。两人急忙检查，原来，敌人是把枪机和枪把绑在一起，调整好射击角度，只要一装上子弹，机枪就可以自动射击。两人急忙把枪机解开，这时，一串子弹射过来，只听“哎哟！”一声，肖

登良倒在机枪旁，只见鲜血从肖登良的右臂、两腿和肚子上冒了出来，继光急忙给肖登良包扎伤口。

这时，指导员冯玉庆也爬了过来，看见肖登良负伤了，就说："登良，你是好同志，自己爬下去。我和继光去干掉敌人的火力点，为你报仇。"肖登良点了点头，一翻身就滚下了交通沟。继光随手拿起两个手雷大声地说："指导员，我去干掉它。"转身冲出地堡向敌人的火力点爬去。指导员拿起机枪就向敌人射击，掩护黄继光。敌人的机枪又不停地扫射着，探照灯、照明弹把零号阵地照得跟白天一样，探照灯一扫过去，继光就向前爬行，几次敌人发现了继光，三四挺机枪一齐向黄继光射击，密集的子弹像一条条火绳，在继光身边飞舞。

冯玉庆看了一下表，已经是 4 点多了，汗珠从他的额上滚了下来，他紧紧地看着黄继光，距敌火力点有 20 米左右，应该投手雷了。可是黄继光没有投，他仍然在前进，只是动作非常缓慢，每伸一下胳膊、伸一下腿都那么艰难，那么吃力。此时的黄继光左臂和双腿已被敌人的机枪击中，鲜血染红了棉衣、棉裤。但他仍然在前进。他艰难地向前爬着，离敌人火力点更近了，只剩下十来米的距离了，敌人的机枪响得更凶了。指导员见黄继光还在慢慢地向前爬，他拿起手榴弹站起来就要向前冲。这时，只见在暴雨般的子弹中，继光坐了起来，连续向敌人投去两颗手雷，又有两个罪恶的子弹击中继光的左肩和胸部。黄继光身中七弹倒下了。冯玉庆“呼”地从地上跳起来向继光冲去，可敌人的机枪又吼叫起来，子弹像冰雹一样打在冯玉庆的周围，原来，敌人火力点里残存的一挺机枪又开始了疯狂的射击。我军反击部队刚一冲锋，又被敌人的机枪压制住抬不起头来，冯玉庆趴在地上，注视着前方，只见黄继光又在缓慢地向前爬着，只是比刚才更慢了。

原来，黄继光投出第二颗手雷时，有

三颗子弹同时击中继光，第二颗手雷没有投中，剧烈的疼痛使继光一下昏了过去。敌人机枪的吼叫声惊醒了他，继光看到敌人的机枪还在响，他摸了摸身上，已经没有手雷了，继光注视着前方，敌人的机枪还在疯狂地叫着。向前，向前，在战斗中只许向前，不许后退，继光听到了，这是连长的声音，继光在继续向前爬。

趴在地上的冯玉庆看着黄继光一点一点地向前爬着，每爬一步都要付出全身的力量。继光爬到了敌火力点下，只见他回头望一望，张了张嘴，用右手抓住一个探出的木桩，将自己的身体支撑起来，爬到敌火力点的射孔旁，用自己的身体堵在喷着火舌的机枪射孔上。瞬间，枪声停了，空气好像凝固了，时钟好像也停止了摆动，在人们的惊愕中，大地好像也停止了转动。人们被这一壮举惊呆了。为了战斗的胜利，在没有弹药而又刻不容缓的情况下，英雄战士黄继光用自己的血肉之躯，将敌人的枪口死死地堵住。冯玉庆猛地从地上跳起来，大喊一声："冲啊！为黄继光报仇。"我反击部队乘势潮水般地冲上了零号阵地，很快就占领了整个 597.9 高地，歼敌 1200 余人。

△ 黄继光堵枪眼时刻的英雄形象（油画）

最后10米

☆☆☆☆☆

冯玉庆紧紧地抱着黄继光，他以无限悲痛的心情默默地哀悼自己亲爱的战友，用袖口给继光擦着脸上的血迹，胸前碗口大的窟窿是敌人用机枪打的。许久，他慢慢地站起来，突然发现，继光爬过的地方竟然没有血迹，只有一道不规则的小沟，再往前看，距敌火力点 10 米的地方有一块红色的土，那是继光的鲜血，渗进了土壤中，继光身上的血流尽了，他身上有七个弹孔，他又是怎样爬行了10米远的路程。10米的距离不算长，对常人来说，三步两步就迈过去了，可是，对一个双腿、双臂和胸前中了七弹的黄继光来说，那比万里长征还要远！他靠的是自己的坚强意志，靠的是对党、对人民、对祖国的赤胆忠心，支撑着他光荣地走完了人生最后10米无血迹的路。

战后，战友们在五圣山597.9高地黄继光牺牲的地方，镌刻了黄继光烈士纪念碑，上写“中国人民志愿军马特洛索夫式战斗英雄黄继光同志以身殉国，永垂不朽！”

黄继光的事迹传遍了朝鲜三千里江山，传遍了祖国的大江南北，他是中国人民志愿军的普通士兵，他是中国人民的优秀儿子，他的名字和上甘岭一样，家喻户晓。一提到上甘岭，人们就会想到黄继光，一提到黄继光人们就会想到上甘岭。

上甘岭，这个只有十几户人家的小山村，经过43天战火的洗礼而闻名于世，世界各国军队的教科书都有“上甘岭”这三个字。在1952年那个深秋冬初的季节里，一场血肉与钢铁的碰撞在这里发生了，在这块鲜血浸透了的土地上，爆发了一场极其惨烈的战斗。有人称它是绞肉机，有人说它说是肉磨子，因为在这个不足4平

△ 志愿军战士在黄继光烈士碑前宣誓

方公里的地域上，敌我双方先后投入了10万多兵力，投下了5万发炸弹，发射了300万发炮弹，志愿军阵亡7100人，伤8500人，歼敌25000人，其中美军5200人。几个山头平均被削平了2米，在1米多厚的松土中，随手抓起一把泥土竟有30多个弹片，一个不到1米长的木桩嵌进了100多个弹头和弹片，一面绣着“将胜利的旗帜插在上甘岭阵地上”的红旗竟有381个弹洞。

上甘岭战役是中美两国军队的较量，也是一场意志的比拼，它已成为一种象征刻在了人们的记忆中。在这场战役中中国人民志愿军打出了军威，打出了国威，打出了朝鲜的南疆北界。它是中华民族走向世界民族之林的坚强脚印，它让世界看到了一个不屈不挠、坚强而伟大的中华民族。

黄继光以他壮丽的青春铺就了通往胜利的道路，他以自己满腔的热血浇铸了和

是最可愛的人抗美援朝
奮不顧身成偉業
一九六二年九月

顯而觸目樹豐碑
紀極非常之事報功崇德
董必武

△ 董必武题词

平与幸福的鲜花，他的爱国主义和革命英雄主义精神深深地扎根于中华沃土之中，他永远是我们中华民族的骄傲，他的英雄业绩与山河共存，与日月同辉。

战士永生

黄继光生平大事记

1931 年 1 月 8 日，黄继光出生在四川省中江县石马乡一个贫苦农民家庭。

1943 年，地主李积成逼债，活活逼死了黄继光的父亲，年幼的黄继光被迫去地主家帮工、抵债。

1949 年 12 月，中江县解放，黄继光积极参加农民协会、武装队，积极勇敢地参加征粮、清匪反霸、减租退押斗争，站岗放哨，斗争地主，积极地站在斗争的前列，出色地完成各项工作任务，两次被评为模范。

1951 年 3 月 12 日，黄继光响应党中央、毛主席的号召，参加中国人民志愿军。

1951 年 7 月 1 日，黄继光跨过鸭绿江，奔赴抗美援朝战场，分配到志愿军十五军四十五师一三五团二营六连任通讯员。

1952 年 7 月，黄继光出色地完成上级交给的各项工作任务，荣立三等功一次，光荣地加入了中国新民主主义青年团。

1952 年 10 月 10 日，黄继光被调到志愿军十五军四十五师一三五团二营营部通讯班任通讯员。

1952 年 10 月 19 日，黄继光随营参谋长张广生到上甘岭前沿六连阵地，指挥战斗。

1952 年 10 月 20 日凌晨，在上甘岭战役紧急关头，黄继光挺身而出，被任命为六连六班代理班长，为扫除部队前进的障碍，用胸膛堵住敌人喷着火舌的机枪口，壮烈牺牲。

1952 年 11 月，黄继光被评为特等功臣，授予二级战斗英雄。

1952年12月19日，《中国青年报》发表社论，号召全国青年学习黄继光同志的英雄事迹。

1952年12月30日，四川省中江县通山区举行黄继光烈士追悼大会。

1953年1月14日，四川省中江县人民在公园广场举行黄继光烈士追悼大会。

1953年3月4日，四川省人民政府决定将黄继光烈士的故乡——四川省中江县石马乡，命名为继光乡。

1953年3月6日，黄继光烈士灵柩安葬在沈阳抗美援朝烈士陵园。

1953年3月30日，中国共产党志愿军十五军委员会根据黄继光烈士生前的请求，追认他为中国共产党党员，并授予“模范团员”的光荣称号。

1953年4月8日，中国人民志愿军总部决定追记黄继光烈士特等功，并授予“特级英雄称号”。（同时，追记孙占元、邱少云烈士特等功臣并授予“一级英雄称号”。）

1953年6月25日，朝鲜民主主义人民共和国最高人民会议常任委员会授予黄继光烈士“朝鲜民主主义人民共和国英雄”称号，同时，授予“金星奖章”和“一级国旗勋章”。

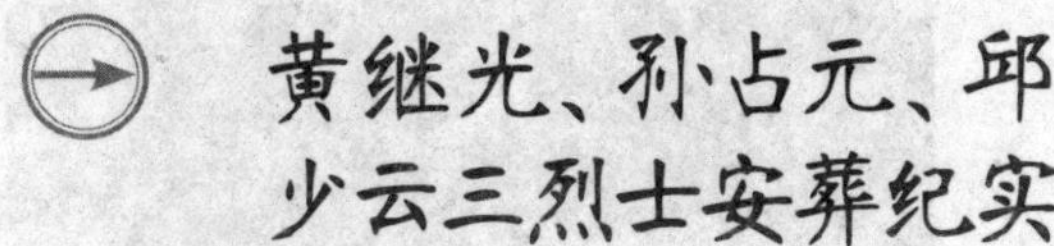

黄继光、孙占元、邱少云三烈士安葬纪实

☆☆☆☆☆

黄继光牺牲时，上甘岭战役正在激烈进行着，战友们将黄继光的遗体安置在一个小坑道里。上甘岭战役结束后，由前沿阵地迁移下来安葬。

据中国人民解放军空降十五军

△ 电影《上甘岭》中卫生员王兰的原型王清珍

（原志愿军十五军）干休所老干部王清珍老人（王清珍，电影《上甘岭》卫生员王兰生活原型）回忆，1952年12月初，王清珍老人当时只有16岁，在师收容所当卫生员。一天，忽然听人说黄继光的遗体运下来了，怀着对英雄的崇敬之情，王清珍赶忙向山下的小松林跑去。只见护理班的女卫生员官义芝、何成君和几个男卫生员正在整理黄继光的遗体。黄继光的遗体平躺着，双臂向上，仍保持着手抓木桩的姿势。他的前胸被火药熏黑，出现了一个拳头大的窟窿。由于黄继光的遗体是双臂高举，身体冻透，放不进棺材，几个人商量了一下，就烧开水，用热毛巾将两臂溻湿、焐热，让黄继光的两臂软下来，然后放下，换了套新衣服，才盛殓入棺。

1953 年 2 月，根据志愿军政治部的指示，志愿军战斗英雄、团职以上干部和立过一等功的营级干部，要送回国内安葬。在上甘岭战役中志愿军十五军的三个师（四十四师、四十五师、二十九师）都参加了战斗。在三个师中各抽调部分干部。四十四师当时坚守在上甘岭地区，所以在四十四师同时也抽调部分战士参加工作队，将烈士遗体挖出来，统一送回国内安葬。

志愿军十五军四十四师老战士耿式全老人曾参加了寻找邱少云遗体的工作，并亲身经历了将黄继光、孙占元、邱少云、刘光义（十五军四十四师后勤处副处长）等烈士送回国的过程。耿式全老人当时是志愿军十五军四十四师警卫连战士。2月19日奉命到军政治部报到，接受寻找和运送黄继光、孙占元、邱少云和师后勤处副处长刘光义等烈士遗体回国的任务。耿式全和二十九师张干事分在一组。

因当时烈士的安葬地点都在前沿地区，处在敌人的炮火封锁区之内，所以，

△ 三烈士灵堂

寻找和起运烈士遗体都得在夜间进行。1953年2月21日夜间，耿式全和张干事冒着敌人的封锁，驱车来到掩埋邱少云烈士的墓地，打着手电，沿着埋葬烈士的坟包，一个一个地查找，找到了邱少云烈士的墓地。当时正值寒冬，冻土层有一尺多厚，用了半个多小时的时间，才把邱少云的遗体挖出来。经过一天的奔波，2月22日下午4点多钟，将十五军29位烈士的遗体送回了国内安东市（现丹东市）七道沟十五军留守处，留守处的同志准备了29口红漆大棺材，把烈士的遗体一一放进棺材里。黄继光、孙占元、邱少云、刘光义四位烈士送往沈阳志愿军烈士陵园（现沈阳抗美援朝烈士陵园）安葬，其余25位安葬在安东市志愿军烈士陵园。

1953年2月21日，沈阳市成立了中国人民志愿军战斗英雄黄继光、孙占元、邱少云三位烈士的治丧委员会。主任委员为焦若愚，副委员为孙力余、任允中、周秋野、朱维仁。治丧委员会决定：在全市举行公祭并召开追悼大会，成立秘书、宣传、总务、保卫四个组。次日，各组开始进行公祭和追悼大会的各项准备工作。

2月24日晚8点20分，载着中国人民志愿军战斗英雄黄继光、孙占元、邱少云烈士灵柩的火车驶入沈阳南站(现沈阳站)。前往迎灵的有东北军区(现沈阳军区)政治部主任莫文华、东北军区政治部秘书长任允中、东北行政委员会(即原东北人民政府，现已撤销)秘书长周秋野及治丧委员会副主任孙力余等人和各机关代表。当列车缓缓地停在沈阳南站时，早已等候在站台上的各机关代表和解放军战士恭敬地将烈士灵柩抬上灵车。莫文华、任允中、周秋野等领导同志亲自扶着灵柩走出站台，

踏着夜色向三位烈士的灵堂行进。

烈士的灵堂设在沈阳市中心的广场上（现在的沈阳八一公园），灵堂祭台上并列放着三位烈士的遗像，遗像下放着烈士的灵柩，周围布满了花圈挽联。灵堂的正上方的横额写着：黄继光、孙占元、邱少云

△ 追悼大会会场

三烈士灵堂。沈阳市人民用最高的民族礼仪安葬黄继光、孙占元、邱少云三位烈士。治丧委员会决定要为三烈士守灵七天。公祭三天后召开追悼大会，然后将烈士送入志愿军烈士陵园安葬。2 月 24 日晚上开始，

△ 治丧委员会领导为三烈士守灵

到3月2日治丧委员会成员轮流为三烈士守灵七天。3月3日公祭活动开始，沈阳市各界人民群众，抬着花圈纷纷来到烈士灵堂前，怀着悲痛的心情，向烈士致敬。参加祭奠的有驻沈部队指战员，当时的东北人民政府机关，省市政府机关，工厂、企业、学校、民主党派、人民团体、少数民族、宗教团体、街道居民的代表两万五千多人于3日、4日、5日陆续来到烈士灵堂前祭拜黄继光、孙占元、邱少云三烈士。第一个举行公祭的是沈阳市政府及各部局的代表。沈阳市房地产管理局局长张社宇同志代表全体人员致悼词。三天中，有150多个单位前来祭灵，烈士灵堂前摆满了花圈和挽联。沈阳被服一厂、沈阳机械四厂、沈阳桥梁工厂等各厂矿职工，也都在烈士灵前表决心，一定要提高生产，做好支援抗美援朝工作，要提高质量和产量，提前完成今年的生产计划，用实际行动来纪念烈士。沈阳市铁路中学的全体同学开展了向烈士学习的热潮，他们决心要努力学习，以优异的成绩来纪念烈士。高一（1）班的同学请求以黄继光的名字来命名他们的班级，以实际行动来争取做全校的模范班，成为沈阳市第一个以英雄的名字命名的“黄继光班”。

参加陪祭的党政军领导有东北军区（现沈阳军区）政治部秘书长任允中，东北抗美援朝总分会秘书长温建平，东北行政委员会民族事务委员会副主任委员马世分，沈阳市人民政府副市长焦若愚，沈阳市抗美援朝分会主席朱维仁，青年团沈阳市委书记申之闻，中国国民党革命委员会沈阳市筹委会召集人周达夫，劳动模范姜万涛、田桂英、郑锡坤、王静彬等。

3月6日追悼大会在沈阳市中心广场

（现八一公园）举行，沈阳市各界人民群众代表两万两千多人参加了追悼大会。再一次地向烈士们表示决心，要化悲痛为力量，继承烈士们的遗志，努力搞好生产，保质保量，提前一个月完成全年任务，支援志愿军打败美帝国主义。3月的沈阳，天气寒冷，北风带着风沙，吹打在人们的脸上。但是参加追悼大会的两万多人，始终是非常整齐严肃地站立着，参加大会的各级政府和东北军区领导、各界群众代表，为烈士致悼词，表示要学习烈士们的爱国主义和革命英雄主义精神，克服困难，努力学习，为祖国的大规模建设事业，贡献出最大力量。

追悼大会结束后，成群结队的人群随着仪仗，在哀乐声中，护送三烈士的灵柩前往烈士陵园安葬。在哀乐声中，三烈士的灵柩被抬到灵车上，灵车是由三辆军用卡车组成，每辆车上站着四位头戴钢盔，手持冲锋枪，全副武装的解放军战士护灵。车厢用白布覆盖，车前挂着用白布制成的两条长长的挽带。东北人民政府、东北军

△ 手握冲锋枪的解放军战士在灵车上为烈士护灵

区、沈阳市政府等党政领导数十人，手执挽带，走在送葬队伍最前面。灵车后面是东北军区乐队，随后是蜿蜒一公里的送葬群众，抬着烈士遗像和一百多个花圈，跟随着灵车，在大风中缓缓而行。大街两旁，几十万群众默默肃立、迎候，一再地瞻仰烈士的遗像，目送烈士的灵柩向烈士陵园进发。

送葬队伍由市中心（现八一公园）出发沿着三经街、惠工广场、北陵大街、体育学院步行一个多小时，于上午11时50分来到沈阳志愿军烈士陵园（现沈阳抗美援朝烈士陵园）。在陵园内的烈士灵堂做短暂停留后，于下午1时整下葬，三烈士墓安排在陵园东侧第一排，由东至西三位烈士墓的排序为黄继光、孙占元、邱少云（墓地番号为十组一、二、三号，现为0305、0304、0303）。

沈阳抗美援朝烈士陵园始建于1951年春，同年8月落成，当时叫沈阳志愿军烈士陵园。为纪念和表彰在抗美援朝战争中牺牲的革命烈士，由当时的东北人民政府

△ 沈阳抗美援朝烈士陵园

民政部拨款，东北军区政治部修建。建成后于8月份移交沈阳市民政局管理，并同时由东北军区政治部、组织部制定了《沈阳志愿军烈士陵园入园安葬规定》，凡中国人民志愿军、解放军及其他直接在朝参加抗美援朝战争之团（或相当团）以上干部，或由军（或相当于军）之领导机关批准的特等英模牺牲、病故者，将依本规定入园安葬之。

沈阳志愿军烈士陵园后更名为沈阳抗美援朝烈士陵园，园内安葬着123位志愿军烈士，其中有特级战斗英雄黄继光、杨根思烈士，一级战斗英雄孙占元、邱少云、倪祥明、孙生禄等10位烈士以及荣获特等功臣和各种荣誉称号的16位烈士。还有志愿军高级指挥员、志愿军五十军副军长蔡正国烈士，志愿军三十九军副军长吴国璋烈士，志愿军二十三军参谋长饶惠谭烈士，志愿军四十军一一八师师长罗春生烈士，志愿军六十八军二〇〇师师长李雪瑞烈士等。

这里的青青芳草和苍松翠柏陪伴着长眠的烈士，它昭示今人、启迪后人不忘历史，永远不要忘记那些英勇杀敌、威震敌胆的革命先烈和他们气壮山河的革命英雄主义和爱国主义精神。

黄继光烈士生前写给母亲的三封信

☆☆☆☆☆

第一封信：

妈：你好吗？今年七月间，我光荣地参加了志愿军，到了朝鲜。最近朝鲜下雨（雪）了，天气很冷。但祖国人民太爱我们了，棉衣穿得暖暖的，吃得饱饱的，一切都很好。妈妈你放心，你的儿子一定好好打仗，为你增光，为毛主席增光。其次嫂嫂哥哥好吗？弟弟在念书吗？

请告诉我。

敬请

大安

儿

继光禀

一九五一年十二月三十日

第二封信：

妈：儿于阳历四月二十六日接到来示，知道家里人都很安康。想想咱过去在封建地主压迫下，过着牛马奴隶生活，也熬过来了，而现在在咱们共产党和伟大毛主席的正确领导下，日子过得一天比一天好。我相信：更幸福的日子还在后头呢！

儿现在为了祖国人民的需要，站在光荣斗争最前面，为了全祖国及家中人口过幸福的日子，儿有决心在战斗上坚决为人民服务，不立功不下战场。

在革命部队里，对首长爱戴如父亲，同志之间如亲兄弟一般，一切在祖国人民热烈支援下，虽在战斗中，是很愉快的。儿决心照妈来示实际行动起来。

敬请

大安

儿

继光禀

一九五二年五月

第三封信：

妈：祖国人民对我们志愿军支援很好，我在朝鲜，吃得饱，穿得暖；我们已快穿新棉衣了，请你勿念。希望哥哥嫂嫂好好生产，争取当生产模范，我在前线也要好好打仗，多杀美国鬼子及帮凶军，争取立功见毛主席去。妈！儿已被上级批准为光荣的中国新民主主义青年团正式团员，还有决心争取入党。

敬请

大安

儿

继光禀

一九五二年九月

黄继光和千千万万个中国贫苦农民一样，他们在封建地主的残酷剥削下，过着极度贫苦的生活，他们没有文化，不识字，继光只是到部队后才开始识字，写家信都是请连队文书帮助，自己说，由文书代写。但他们身上都具有中华民族传统的美德，都具有一颗拳拳报国之心。黄继光有着一个和普通人一样祥和的家庭，他也是上有高堂、哥嫂，下有弟弟。他虽然参军离家只有一年多的时间，他也和普通的年轻人一样，思念自己的家乡，惦记着慈祥的母亲、尊敬的哥嫂和亲爱的弟弟。黄继光经常请文书为自己写家信，向妈妈报平安。

一 拜访黄继光的连长万福来

☆☆☆☆☆

笔者在 1992 年 6 月和 2003 年 5 月曾两次拜访黄继光的连长万福来，同万老进行了两次长谈。

万老离休前是中国人民解放军空降十五军副参谋长，在长期的革命战争中，万老也是身经百战，身上多处负伤。笔者曾亲眼见到万老的前胸后背上铜钱大小的伤疤。

每当夜深人静或自己一个人坐在

△ 黄继光的连长万福来

庭院里喝茶时，他都会想起黄继光，想起上甘岭那个炮火纷飞的战场。万老感慨地说：“当时牺牲的应该是我，而不是黄继光，在战斗进行到最关键时刻，只剩下我、指导员、营参谋长、继光、肖登良、吴三羊和两个步话机员。当时我们就组成了三个战斗小组，我带肖登良为第一组，指导员冯玉庆带吴三羊为第二组，营参谋长张广生带黄继光为第三组。我们第一组先上，然后是指导员的第二组，最后是营参谋长和继光的第三组。我们决心要在天亮前炸掉敌人的火力点，占领零号阵地，夺取 597.9 高地。前面三个战斗小组失利后，我按捺不住自己，喊了一声“肖登良，跟我上”。站起来就向外冲。这时，继光从后面一把把我抱住，瞪着眼睛喊着：“连长，有我们通信员在，就不能让首长先上，我们先上，完不成任务，牺牲了，你再上。”也不知继光哪来那么大劲，一把就把我拽下来，还摔了一个跟头。继光死死地拽着我，不让我动，肖登良和吴三羊站起来说：“连长，让我们上吧！”营参谋长张广生说：“好，就让继光他们先上。”我当即命令黄继光为六班代理班长，和肖登良、吴三羊组成

一个战斗小组。"平时继光和我在一起时，我总是告诉他，一个革命战士，在战场上只能前进，不能后退。继光就是这样的一个革命战士。"继光在堵枪眼前，他们三个已经炸掉了敌人三个火力点，黄继光把敌人的大火力点已经炸塌了，只剩下一个机枪射孔。况且继光他已身负重伤，已经是英雄了，他完全可以不去堵枪眼，他可以就地不动，等待救援，但是黄继光想的是坚决完成任务。在当时战场上的态势看，黄继光所处的位置是距敌人最近的，也是最有利的位置，其他人再往前上，牺牲的可能性非常大，黄继光知道当时战场上的态势，所以，他毅然决然地向前爬去。他为了减少战友们的牺牲，而全然不顾自己。万老说："继光堵枪眼时，不像宣传中说的那样，站起来英勇地扑向敌人的枪口。当时黄继光两腿和左臂、左肩和前胸都已中弹，根本就站不起来，他是在侧面爬向敌人的火力点，靠自己没有负伤的右手抓住一个木桩，把自己的身体支撑起来，一点一点地挪到敌人机枪射孔的。"可想而知，继光在牺牲前得忍受多大的痛苦，万老亲眼看到，继光堵枪口时，回头望了望，张了张嘴，当时，枪声、炮声连成一片，根本听不到继光在喊什么。

“继光以他钢铁般的意志完成了战斗任务，他堵枪口的情形就像在昨天一样，清晰地印在了我的脑子里。他是为了战友们的安全、为了祖国、为了人民而牺牲的。”万老讲述了黄继光牺牲的过程。他告诉我

◁ 黄继光烈士墓

们，黄继光勇敢地堵枪眼不是一时的感情冲动，也不是他一心想当英雄，因为他不去堵枪口也是英雄，他已经立下了战功，在党和人民军队的培养教育下，黄继光成熟了，他虽然讲不出什么大道理，但他懂得一个最简单的道理，就是跟着共产党，跟着毛主席，我们才有好日子过，只有保卫我们的国家，妈妈和弟弟才能过上好日子，祖国人民才能过上好日子。在他的成长经历和革命军队的锻炼中培养了他坚强的性格和钢铁的意志，所以在战斗的最关键时刻，他想的是完成任务，想的是战友的安全，想的是革命战士只能前进，不能后退。所以，黄继光能在他生命的最后时刻，忍受着剧痛，拖着已经将流干血液的身躯，用坚强的意志来撑起自己负着重伤的身体，而堵向敌人的枪口，黄继光的壮举和他的气概，不是“勇敢”这个词能概括得了的。

后 记

继光精神

黄继光牺牲时年仅22岁，他用这短短22年走完了自己的人生历程。虽然22年在人类历史的长河中只是短暂的一瞬间，可就是这短短的人生历程中，黄继光为我们留下了宝贵的精神财富。在中华民族自强不息、英勇奋斗的伟大历史中，留下了辉煌的一页。

每个国家都有自己的柱石，每个民族都有自己的英雄。在我们中华民族五千多年的历史长河中，每个时代都涌现出众多的英雄。黄继光就是我们众多民族英雄之一。黄继光为了国家、人民和民族的利益敢于献身的精神，就是我们中华民族优秀传统道德的集中体现，是爱国主义精神的最高形式。继光精神充分体现了中华民族优秀的传统道德，是和爱国主义一脉相承的。爱国主义，就是热爱和忠诚自己祖国的思想、感情和行为。在各个不同的历史时期，爱国主义被赋予着不同的内容，但有一点是不变的，那就是对祖国的热爱和忠诚。为自己的祖国奉献出自己的一切甚至包括热血和生命，这是爱国主义精神的实质。不同的历史时期爱国主义的表现形式、行为有所不同。在战争年代，祖国需要她的儿女去冲锋陷阵，杀敌立功，为祖国奉献的是热血和生命。在现阶段，实现中华民族的伟大复兴，必须坚定不移高举爱国主义的伟大旗帜，在建设中国特色社会主义的伟大事业中，爱国主义精神是核心，是绝对的动力，是一股巨大的精神力量，他将指引着华夏儿女团结奋斗和努力拼搏，使中华民族屹立于世界强国之林。

今天，黄继光离开我们已经六十年了，英雄身躯虽然已经倒下了，但是英雄的精神永垂不朽。他给我们留下的宝贵的精神财富，就是保卫祖国，热爱祖国，为祖国贡献出自己的全部，用热血和生命保卫祖国母亲。这就是为祖国和人民贡献出自己全部的继光精神。

如今，继光的奉献精神已经完全融入中华民族优秀传统道德，深深地扎根于中华沃土之中，是爱国主义精神的最高表现形式。尽管一个人的能力大小有所不同，但是要看你为自己的祖国付出了多少。和平年代，没有硝烟，没有战火。我们不需要像黄继光那样舍身堵枪眼来换取战斗的胜利，但是祖国需要我们的汗水、智慧以及全力的拼搏。只要祖国需要，就要为此去竭力奉献所有。

黄继光以坚强的意志和大无畏的革命精神，走完了他人生中最光荣伟大的路。正如郭沫若在诗中所说的那样，“克敌敢将身作盾”。黄继光是用自己的死换取更多战友的生。用自己的身体做盾牌，去挡住那些射向战友的冷枪毒箭，完成了抗美援朝、保家卫国的使命。

可以告慰先烈的是，先烈们用鲜血捍卫的祖国强大了，先烈们用生命保卫的人民富强了，伟大的中华人民共和国已站在世界民族之林的前列。

人民没有忘记那些为共和国献身的英雄。每年清明节，驻沈部队、省市领导和沈阳市各界人民群众都要来到沈阳抗美援朝烈士陵园为烈士们扫墓，每年到黄继光烈士的牺牲日，这一天，在继光的家乡，四川省中江县黄继光纪念馆内，家乡的人民都要集会纪念黄继光。党和国家领导人邓小平、董必武、朱德、刘伯承、郭沫若、谢觉哉、何香凝、张爱萍、秦基伟等都为黄继光烈士题词。

沈阳抗美援朝烈士陵园，是黄继光烈士的长眠之地，也是弘扬革命传统，培育民族精神，传播先进文化，提高人们的思想道德素养，增强爱国主义情怀，集历史文化、教育瞻仰、祭奠、缅怀融为一体的红色景观基地。2008 年在抗美援朝战争 60 周年纪念日来临之际，国家和人民投资四千多万，对沈阳抗美援朝烈士陵园进行了改造。目前烈士陵园已是全国重点烈士纪念建筑物保护单位，全国爱国主义教育示范基地。

黄继光为了保卫新生的共和国而光荣牺牲了，他是我们民族的骄傲，是共和国的脊梁，他的爱国主义和革命英雄主义精神，激励着一代又一代人高举着他们的旗帜，为建设具有中国特色社会主义的伟大事业而奋勇前进，为实现中华民族伟大复兴而奋斗。

/100位
新中国成立以来感动中国人物/

丁晓兵 马万水 马永顺 马恒昌 马海德 中国女排五连冠群体

孔祥瑞 孔繁森 文花枝 方永刚 方红霄 毛岸英

王 杰 王 选 王 瑛 王乐义 王有德 王启民

王进喜 王顺友 邓平寿 邓建军 邓稼先 丛 飞

包起帆 史光柱 史来贺 叶 欣 甘远志 申纪兰

白芳礼 任长霞 刘文学 刘英俊 华罗庚 向秀丽

廷·巴特尔 许振超 达吾提·阿西木 邢燕子 吴大观

吴仁宝 吴天祥 吴金印 吴登云 宋鱼水 张 华

张云泉 张秉贵 张海迪 时传祥 李四光 李春燕

李桂林和陆建芬夫妇 李素芝 李梦桃 李登海 杨利伟

杨怀远 杨根思 苏 宁 谷文昌 郤丽华 邱少云

邱光华 邱娥国 陈景润 麦贤得 孟 泰 孟二冬

林 浩 林巧稚 林秀贞 欧阳海 罗映珍 罗健夫

罗盛教 草原英雄小姐妹 赵梦桃 钟南山 唐山十三农民

容国团 徐 虎 秦文贵 袁隆平 钱学森 常香玉

黄继光 彭加木 焦裕禄 蒋筑英 谢延信 韩素云

窦铁成 赖 宁 雷 锋 谭 彦 谭千秋 谭竹青

樊锦诗

图书在版编目（CIP）数据

黄继光 / 刘忠义等编著. -- 长春 : 吉林文史出版社,
2012.11（2024.5重印）
（100位新中国成立以来感动中国人物）
ISBN 978-7-5472-1261-5

Ⅰ. ①黄… Ⅱ. ①刘… Ⅲ. ①黄继光（1930～1952）
－生平事迹－青年读物②黄继光（1930～1952）－生平事
迹－少年读物 Ⅳ. ①K825.2-49

中国版本图书馆CIP数据核字(2012)第259862号

黄继光

HUANGJIGUANG

编著/ 刘忠义 关勃 吕春琴 吕志昕
选题策划/ 王尔立　责任编辑/ 王尔立 李洁华 任玉茗
装帧设计/ 韩璘
出版发行/ 吉林文史出版社
地址/ 长春市福祉大路5788号　邮编/ 130118
电话/ 0431-81629363　传真/ 0431-86037589
印刷/ 天津海德伟业印务有限公司
版次/ 2012年12月第1版 2024年5月第5次印刷
开本/ 640mm×920mm　1/16
印张/ 10　字数/ 100千
书号/ ISBN 978-7-5472-1261-5
定价/ 29.80元